लोर्का की कविताएँ

लोर्का की कविताएँ

परिचय एवं अनुवाद

सुरेश सलिल

वाणी
प्रकाशन

प्रकाशन के उत्कृष्टतम 61 वर्ष

vaniprakashan.com

पेपरबैक पहला संस्करण : 2014
पेपरबैक दूसरा संस्करण : 2024

वाणी प्रकाशन

4695, 21-ए, दरियागंज, नयी दिल्ली-110 002

फ़ोन : + 91 11 23273167, 23275710

शाखाएँ

अशोक राजपथ, पटना-800 004, बिहार

कॉफ़ी हाउस कैम्पस, महात्मा गांधी मार्ग, प्रयागराज-211 001, उत्तर प्रदेश

महात्मा गांधी अन्तरराष्ट्रीय हिन्दी विश्वविद्यालय, वर्धा-442 001, महाराष्ट्र

sales@vaniprakashan.in
vaniprakashan@gmail.com

Lorca ki Kavitayen
Translated by Suresh Salil

ISBN : 978-93-5072-440-8

Poetry Collection

मूल्य : ₹ 225

आर. टेक ऑफ़सेट प्रिंटर्स, दिल्ली-110032 में मुद्रित

वाणी प्रकाशन का लोगो मक़बूल फ़िदा हुसेन की कूची से

कवि-मित्र राजेश जोशी को

जिन्होंने इस आयोजन की प्राथमिक आधार सामग्री सुलभ कराई

स्पानी भाषा-विशेषज्ञ

मित्रवर प्रभाती नौटियाल को

जिनके उदार सहयोग के बिना यह आयोजन इस रूप में संभव न हो पाता

कवयित्री मधु शर्मा को

जिन्होंने अनुवादों को पढ़ा, कई महत्वपूर्ण सुझाव दिये और पांडुलिपि-संयोजन में सहायता दी

सादर!

सुरेश सलिल

अनुक्रम

निवेदन

- लोर्का की कविताओं के हिन्दी अनुवाद की यह प्रस्तुति किसी विधिवत्-व्यवस्थित नियोजन का प्रतिफल नहीं है। 1998 में कवि की जन्म शताब्दी के दौरान पहले-पहल कुछेक कविताओं के अनुवाद किये गये थे, जो 'पहल' पत्रिका में उसी दौरान प्रकाशित हुए थे। बाद में अंतराल दे-दे कर, जैसे-जैसे जो-जो आधारभूत सामग्री हाथ आती गई, उसके आधार पर कविताओं के अनुवाद का बाधित क्रम आगे बढ़ता रहा। नियोजन के ढीलेपन तथा इस हिन्दी प्रस्तुति के कलेवर को लेकर अतिरिक्त सतर्कता बरतने के कारण लोर्का की कई बहुत महत्वपूर्ण कविताएँ इस अनुवाद-प्रस्तुति में सम्मिलित नहीं की जा पाई हैं—कवि की सम्पूर्ण काव्यकृतियों के प्रतिनिधित्व का तो सवाल ही दीगर है।
- ये हिन्दी काव्यानुवाद स्पानी मूलपाठ तथा स्टीफ़ेन स्पेंडर, जे.एल. गिली, लॉयड मैक्लन, डब्ल्यू.एस. मर्विन, एडविन हॉनिग, कैथेरीन ब्राउन, कोल फ्राज़ेन, क्रिस्टोफर मारियेर, रॉबर्ट नासेटिर तथा जेरोम रोथेनबर्ग के अंग्रेजी अनुवादों की सहायता से सम्भव हुए हैं। इन सभी के प्रति आभार।

ई-14, सादतपुर, दिल्ली-110094

—सुरेश सलिल

लोर्का और उनकी कविता

सुरेश सलिल

कवि पाब्लो नेरुदा ने अपने 'मेमॉयर्स' में 17 जुलाई 1936 की तिथि लाल-ख़ूनी रोशनाई से रेखांकित की है। वे लिखते हैं : "चीले के समृद्ध और मिलनसार बॉबी देग्लाने ने स्पेन की राजधानी माद्रिद के विशाल सिर्को प्राइस एरेना (अखाड़ा) में एक कुश्ती का आयोजन किया था। इस खेल को लेकर मेरी कुछेक गंभीर आपत्तियाँ रही हैं, लेकिन देग्लाने के अनुरोध में जो आत्मीयता थी, उसके चलते आख़िरकार मुझे, गार्सिया लोर्का के साथ, उस शाम कुश्ती-प्रदर्शन के उक्त आयोजन में पहुँचने की स्वीकृति देनी पड़ी। लोर्का से तय हुआ था कि वह एक निश्चित स्थान पर एक निश्चित समय मुझे मिलेंगे। लेकिन वह नहीं आये। इंतज़ार करने के बाद भी नहीं आये। दरअस्ल, वह पहले ही मृत्यु के अपने आख़िरी सफ़र पर निकल चुके थे। वहाँ उनका ख़ूँख़ार प्रतिद्वन्द्वी था स्पेन के गृहयुद्ध का सरगना फासिस्ट फ्रांको का अपराधी गिरोह फलांरिवस्त। उसके बाद फिर कभी हम दोनों ने एक दूसरे को नहीं देखा। इस तरह स्पेन का गृहयुद्ध, जिसने मेरी कविता की शक्ल ही बदल दी, मेरे लिए एक कवि के अदृश्य होने के साथ शुरू हुआ।"

अदृश्य होने वाले इस कवि का नाम है फेदेरिको गार्सिया लोर्का, दुनिया की आधुनिक कविता का एक महान हस्ताक्षर, जिसने 38 साल की ज़िन्दगी में कविता का एक ऐसा अध्याय रच दिया, जिसके बिना बीसवीं सदी की कविता को वह चेहरा न मिल पाता, जो पिछली सदियों में पुश्किन ने दिया था, कीट्स ने दिया था, ह्विटमैन ने दिया था। लोर्का ने लोक संवेदना, इतिहास-चेतना और आधुनिकता को परस्पर जक्स्टापोज़ करके एक ऐसी कविता सम्भव की जो अपनी मिसाल आप है।

लोर्का का जन्म 5 जून, 1898 को स्पेन के अंदलूसियायी शहर ग्रानादा के निकट फुएंते वाकेरोस ग्रामांचल में हुआ था। उनके माता-पिता अरब-अंदलूसियाई मूल के थे। लोर्का के पिता अपने इलाक़े के समृद्ध किसान थे और माँ एक पढ़ी-लिखी संवदेनशील शिक्षिका। पिता से लोर्का को उदार सामाजिक दृष्टि मिली, तो माँ से सृजनात्मक संवेदना। यही वजह थी कि बचपन के दस साल ग्रामीण

परिवेश में बिताने के दौरान ही लोर्का के व्यक्तित्व में वे बीज अंकुरित होने लगे थे जो आगे चल कर कविता और नाटक के पॉपलर वृक्षों में विकसित हुए और जिन्होंने आधुनिक स्पानी साहित्य-संस्कृति का चेहरा ही बदल कर रख दिया।

ग्रानादा का यह दक्षिणी ग्रामांचल, प्राकृतिक दृष्टि से, स्पेन का सबसे उर्वर क्षेत्र है। वहाँ की वेगा नदी और उससे सिंचित मैदानी इलाक़ा, पहाड़-झरने, फल-फूल-पत्ते और दरख़्त और उस सबसे भी बढ़ कर पुरुषों-स्त्रियों के होंठों पर थिरकते अद्भुत-अपूर्व लोकगीत। उनकी धुनें लोर्का की संवेदना में उसी दौरान घुल गई थीं। आगे चल कर लोर्का ने अपने एक दोस्त को लिखा, "अगर तुम यहाँ होते और चारों ओर का नज़ारा लेने की कोशिश करते तो लट्टू की तरह नाचने लग जाते।" खुद लोर्का भी जीवनपर्यंत उसी लोकसौंदर्य के नशे में गर्क नाचते रहे। प्रेमराग, संघर्ष राग, शोक और अवसाद का राग और मृत्युराग। ये सारी नाच-भंगिमाएँ लोर्का की कविता में शुरू से अंत तक बिछी पड़ी हैं। ध्यान देने की बात यह भी है कि लोर्का का वह भावनृत्य वैसा नहीं था, जो प्रायः कवि-कलाकारों को समाज-विमुख कर देता है। उसी लोकसंवेदना में आर्थिक असमानता और घोर विपन्नता के वे अनुभव भी उनकी संवेदना में अंकित हो रहे थे, जिन्होंने आगे चलकर कैथोलिक चर्च के प्रति उनके मन में गुस्सा और असंतोष पैदा किया। चर्च के घड़ियाली आँसुओं और सामाजिक समानता के दावे की बखिया उधेड़ते हुए उन्होंने कहा : "तुम लोग दुष्टता के घ्रणित राजनीतिज्ञ हो।" इसी अभिज्ञा ने एक साल के अमरीका प्रवास के दौरान 'पोएट इन न्यूयॉर्क' की कटु-तिक्त कविताएँ लोर्का से लिखाईं और कहलवाया : "अमरीका की आध्यात्मिक धुरी का निर्माण वहाँ के अश्वेतों की उदासी से हुआ", और उसी मानवीय संवेदना ने अंत में लोर्का को अत्याचारी तानाशाह फ्रांको की हत्यारी संगीनों के मुक़ाबिल अपना सीना तानने को प्रेरित किया।

लोर्का की विश्वविद्यालयी शिक्षा ग्रानादा में हुई। 1923 में ग्रानादा विश्वविद्यालय से उन्होंने विधिशास्त्र में स्नातकीय उपाधि अर्जित की। स्वाभाविक तो यह होता कि वह वकालत के पेशे से जुड़ते, लेकिन अध्ययन काल में ही एक ओर जहाँ उनका रिश्ता कविता से बन चुका था, वहीं नाट्य-रचना और रंगमंच भी उनकी सृजनात्मक सक्रियताओं में आ जुड़े थे। लोर्का की पहली दो पुस्तकें 'इम्प्रेशंस एंड लैंडस्केप' (गद्य) और 'बुक आफ पोएम्स' ('लिब्रो दे पोएमास') 1918-21 के बीच ग्रानादा में अध्ययन काल के दौरान प्रकाशित हो गई थीं। इसी अवधि में वह अपने काव्य-नाटक की सफल प्रस्तुति भी कर चुके थे। लोर्का की काव्यप्रतिभा के विकास में ग्रानादा की महत्वपूर्ण भूमिका है। उनकी कविता में जो सौंदर्य और

इंद्रियबोध, उदासी और आर्थिक विपन्नता अपनी गहन सघनता के साथ आगे चलकर लक्षित की गई, वह वस्तुतः ग्रानादा की ही देन थे। इस बात को ग्रानादा के इतिहास और सांस्कृतिक द्वन्द्व को जाने बिना नहीं समझा जा सकता। लोर्का की कविता में पानी के जो बिम्ब, जो अनुगूँजें हैं, वे उन्हें ग्रानादा से ही मिलीं। क्रिस्तोफ़र गॉदर के अनुसार, "लोर्का के लिए ग्रानादा अनादि-अनंत महाव्योम नहीं है, एक अकेला तारा है सिर्फ़, रोशनदान में जड़ा हुआ। वह उमड़ता-हरहराता महासागर नहीं है, बल्कि वह महासागर है, जो एक सीपी या शंख में सुनाई देता है।"

लोर्का के व्यक्तित्व में, विरासत में मिली जो अरब-अंदलूसियाई चेतना घुली हुई थी, उसे घनीभूत करने और लोर्का के सृजन का प्रतिनिधि रंग बनाने में भी ग्रानादा की निर्णायक भूमिका है। ग्रानादा के साथ कार्दोबा और सेविय्ये मिलकर अरब-अंदलूसियाई सांस्कृतिक क्षेत्र का निर्माण करते हैं। लोर्का की संवेदना में यह काँटा गहरे तक धँसा हुआ था कि ग्रानादा इन तीनों में सबसे कम अंदूलसी है। अंदलूसिया लोर्का के लिए इतिहास की एक ऐसी घरिया था, जिसमें प्राच्य-पाश्चात्य, ग्रीको-रोमन, अरब-जिप्सी, ईसाई-यहूदी आदि विविध संस्कृतियाँ पिघलकर एकमेल हो गई हैं। वही अंदूलसिया लोर्का की कविता में अतीत और वर्तमान के बीच आवाजाही करता दिखाई देता है।

ग्रानादा से बी.ए. करने के बाद लोर्का ने माद्रिद की ओर रुख़ किया। माद्रिद, यानी स्पेन की राजधानी! माद्रिद उन दिनों योरोप में, पेरिस के बाद, एक उदात्त सांस्कृतिक केन्द्र के रूप में विकसित हो रहा था। कैम्ब्रिज-ऑक्सफर्ड की तर्ज पर 'रेजिदेंसिया इस्तुदिवांतेरु' (स्टुडेंट्स रेजिडेंस) नाम से वहाँ एक कॉलेज भी खोला गया था, जिसका उद्देश्य स्पानी समाज को उदार आदर्शों की दिशा में आगे बढ़ाने के लिए एक सांस्कृतिक भद्रलोक को पुष्पित-पल्लवित करना था। ग्रानादा के अध्ययन काल में ही लोर्का रेजिदेंसिया की ओर आकृष्ट हो चुके थे और माद्रिद जाकर उसमें प्रवेश पाने के प्रयत्न करने लगे थे। अंततः उन्हें सफलता मिली और अब वह संस्कृति, सृजन और विचार के एक वैश्विक केन्द्र में थे। वहाँ वह स्पेन के सर्वश्रेष्ठ संगीतज्ञों, कवियों, कलाकारों के निकट सम्पर्क में आये। सल्वादोर दाली, लुई बुनुएल, रफ़ाएल अल्बेर्ती जैसे कलाकारों-फिल्मकारों, कवियों से उनकी मैत्री हुई और एच.जी. वेल्स, आइंस्टीन, मादाम क्यूरी, जी.के. चेस्टर्टन, आंद्रे ब्रेतों, पॉल वेलेरी, कार्बुज़िये जैसी दुनिया की जानीमानी हस्तियों के साथ विचार-विमर्श के अवसर मिले।

लोर्का के पिता यद्यपि उदार विचारों के थे, लोर्का की पहली दो पुस्तकों का प्रकाशन व्यय उन्होंने ही वहन किया था, लेकिन वह व्यावहारिक व्यक्ति भी थे। कहीं गहरे वह एक कवि के रूप में विकसित होते लोर्का के व्यक्तित्व के प्रति शंकित थे। उन्हें जब पता चला कि माद्रिद में लोर्का के घनिष्ठ दोस्तों में रंगमंच के लोग भी हैं, तो उनकी परेशानी और बढ़ गई। एक पत्र में तो उन्होंने आदेश के अंदाज़ में लोर्का को लिखा कि वह तत्काल रेजिदेंसिया छोड़कर ग्रानादा लौट आए। उन्हें मनाने में लोर्का को काफी मशक्कत करनी पड़ी। उन्होंने पिता को विश्वास दिलाया कि वह माद्रिद में दुनिया की कैसी-कैसी महान हस्तियों के बीच उठते बैठते हैं और वे भी उसे गम्भीरता से लेते हैं। यह भी कि "मुमकिन है किसी दिन मैं महान साहित्यकारों में गिना जाऊँ।"

एक सिरे पर थे पिता, तो दूसरे सिरे पर थी माँ। माँ कहती, "मेरे लिए तुम्हारा साहित्य दुनिया के किसी भी पेशे से ज़्यादा महत्वपूर्ण है।...यह सर्वश्रेष्ठ है, तुम्हारे लिए भी और मेरे लिए भी।" माँ की हसरत थी कि बेटे की किताबें जल्द से जल्द छपें और जीते-जी उसकी शोहरत देख सके। ग्रानादा-काल में माँ ने एक पत्र में लिखा था, "बेटे, तुम्हारा छपा हुआ कुछ पढ़ने का और ज़्यादा इंतज़ार मैं नहीं कर सकती।"

लोर्का के भावी कवि-व्यक्तित्व पर उनकी माँ की भावनाओं-आकांक्षाओं का कितना प्रभाव पड़ा, यह उनके कवि-नाम से भी अनुमान किया जा सकता है। स्पानी भाषा में 'लोर्का' का मतलब माँ होता है।

'लिब्रो दे पोएमास' ('बुक ऑफ पोएम्स') के प्रकाशन के बाद से ही लोर्का कई-कई काव्य-रूपों, कई-कई काव्यकृतियों पर काम एक साथ करते रहे। 'सुइतेस' (एक ही विषय-वस्तु की काव्य-शृंखला), 'कांसिआंस' ('सांग्स') वे लगातार रच रहे थे। 'पोएमा देल कांते खोंदो' ('पोएम आफ दि डीप सांग') नाम की एक काव्यकृति उन्होंने लगभग पूरी कर ली थी। पत्र-पत्रिकाओं में इन शृंखलाओं की कविताएँ प्रकाशित हो रही थीं। माद्रिद काल (1927-28) में उनकी दो काव्यकृतियाँ प्रकाशित हुईं, पहले 'कांसिआंस' ('सांग्स') और फिर 'प्रिमेर रोमांसरो खितानो' ('दि जिप्सी बैले')। स्पानी काव्यजगत में इन कृतियों का अभूतपूर्व स्वागत हुआ। 'दि जिप्सी बैले' का प्रकाशन तो उस समय के स्पानी के सबसे बड़े और प्रतिष्ठित प्रकाशन गृह से हुआ था। आज दुनिया की महत्वपूर्ण भाषाओं में उसके अनुवाद प्रकाशित हो चुके हैं। वह लोर्का की सबसे अधिक बिकने वाली काव्यकृतियों में भी गिनी जाती है। जिप्सी बैले में लोर्का की कविता के सघन इंद्रियबोध और

लोकसंवेदना के अनेक रंग ख़ूबसूरत छवियों में तो संभव हुए ही हैं, अंदलूसियाई संस्कृति और समाज का एक समान्तर इतिहास भी उनकी कविताओं में पुनर्सृजित हुआ है। इस तरह जिप्सी बैले लोर्का के कवि-व्यक्तित्व का 'भूतो न भविष्यत' बनी। लाख कोशिशों के बावजूद, स्वयं लोर्का के शब्दों में, उसके 'क्लिशे' से मुक्त हो पाना या उसके पार जा पाना भविष्य में लोर्का के लिए सम्भव नहीं हो पाया। इसी दरमियान बर्सिलोना में अपनी कलाकृतियों की सफल प्रदर्शनी करके अपने भीतर पल-बढ़ रहे कलाकार की झलक भी लोर्का ने दे दी थी।

जिप्सी बैले के प्रकाशन के बाद, 1929 में लोर्का ने अमरीका और क्यूबा की यात्रा की। उनका इरादा अमरीका में रह कर अंग्रेजी का विधिवत् अध्ययन करने का था। कोलम्बिया यूनिवर्सिटी के समर स्कूल में उन्होंने प्रवेश लिया, लेकिन हफ्ते-भर बाद ही स्कूल से भाग खड़े हुए। इन सात दिनों में वह शिक्षकों की बोली, चीनी-पर्शियन-रोमानियाई आदि विभिन्न राष्ट्रीयताओं वाले सहपाठियों के अंग्रेजी उच्चारण के लहजे और भंगिमाओं की नक़लें उतारना भर सीख पाये। स्पानी के अलावा, अंग्रेजी या किसी अन्य यूरोपीय भाषा का एक भी वाक्य उनके लिए हमेशा अजनबी बना रहा।

लेकिन अमरीका-यात्रा ने, पारस्परिक अविश्वास और हिंसक प्रतिस्पर्धा से उफनती भौतिक समृद्धि वाले एक सर्वथा नई तरह के अमरीकी यथार्थ से लोर्का के कवि-व्यक्तित्व में एक नया आयाम अवश्य जोड़ा। इसे 'पोएट इन न्यूयॉर्क' की कविताओं में देखा जा सकता है। शाराब, उन्माद, वहशी मनोरंजन, अपराध, रक्त, वमन, उबकाई और नीग्रो बस्तियों की विपन्नता, उदासी वाला सर्वथा नकारात्मक संसार 'पोएट इन न्यूयॉर्क' की कविताओं का केंद्रीय विषय है, जिसने जिप्सी बैले तथा लोर्का की अन्य कविताओं के पाठकों-प्रशंसकों को भौचक छोड़ दिया। तथ्य यह भी है कि इस काव्यकृति का पुस्तकाकार प्रकाशन लोर्का के निधन के कई वर्ष बाद हुआ।

1930-31 के दरमियान लोर्का की स्वदेश-वापसी हुई। रचनाक्रम में उनकी दूसरी और प्रकाशन-क्रम में चौथी काव्यकृति 'कांते खोंदो' ('डीप सांग') प्रकाशित हुई। उसके बाद तीन-चार वर्षों तक वह नाट्यलेखन और रंगकर्म में डूबे रहे। शहर-दर-शहर, मुल्क-दर-मुल्क घूमते हुए लोर्का थियेटर करते रहे, व्याख्यान देते रहे। वक्तृता भी उनके व्यक्तित्व का एक प्रमुख पक्ष था। उनके 'एर्मा', 'हाउस ऑफ बेर्नादा अल्वा', 'ब्लड वेडिंग' आदि कालजयी नाटक इसी अवधि में रचे गये। कविता और रंगमंच के अंतर्संबंधों को लेकर लोर्का की मान्यता थी कि

"रंगमंच वह कविता है, जो लिखे या छपे हुए काग़ज़ से उठ कर मानवीय शक्ल ग्रहण करती है।" कविता की भांति लोर्का के नाटकों और रंग-प्रस्तुतियों को भी उनके जीवनकाल में ही बहुत ख्याति और मान्यता मिल गई थी। फ्रांस, इटली, अमरीका आदि देशों में भी उनकी कविता और नाटकों की मांग होने लगी थी। अभी हाल में छपी एक खबर के अनुसार, इन दिनों (लोर्का की शहादत के कोई 73-74 वर्ष बाद) ब्रिटेन में लोर्का के नाटकों की प्रस्तुतियों ने, लोकप्रियता में, बर्टोल्ट ब्रेष्ट के कीर्तिमान को भी पीछे छोड़ दिया है।

1930-31 से 1936 तक भिन्न रंगतों की ढेर सारी कविता लिखने के साथ-साथ लोर्का ने अपनी तीन महान काव्य-शृंखलाएँ—प्रेम सम्बन्धी सॉनेट, 'तमरित दीवान' की ग़ज़लें और क़सीदे तथा बीसवीं सदी के दुनिया के श्रेष्ठतम शोकगीतों में से एक 'लैमेंट फॉर इग्नासियो सांचेस मेथियास'—भी रचीं। इग्नासियो सांचेस एक सांड़योद्धा था, लोर्का के घनष्ठितम मित्रों में से एक। एक प्रदर्शन के दौरान साँड़ से जूझते हुए उसकी मृत्यु हुई। उसकी मृत्यु की खबर सुनकर लोर्का भीतर तक हिल गये थे। अपने एक दोस्त से उन्होंने कहा था, "यह मेरी अपनी मृत्यु जैसी है।"

उक्त शोकगीत में एक पंक्ति है—'दि रेस्ट वाज़ डेथ, ऐंड डेथ अलोन' (उसके बाद मौत थी, सिर्फ़ मौत)। 19 जुलाई 1936 की शाम लोर्का के कवि मित्रों और प्रशंसकों के होंठ बार-बार यही पंक्ति फुसफुसा कर फड़क उठते थे—'दि रेस्ट वाज़ डेथ, ऐंड डेथ अलोन'!

लोर्का का काव्य लोक

लोर्का के काव्यलोक और काव्यवस्तु पर कुछ कहने का साहस दिखाना, कालिदास की शैली में कहें, तो मंदः कवि यशः प्रार्थी, और लोक अभिव्यक्ति में कहें तो ओखली में सिर डालने वाली नियति से जुड़ना है। लोर्का पर बात करना सीधे-सादे ढंग से किसी कवि और उसकी कविता पर बात करना नहीं है—अस्थि-मज्जा की एक ऐसी सृजनशील काया में प्रवेश करना है जहाँ यथार्थ और कल्पना, जीवन और स्वप्नावस्था यक्दिल हैं। जहाँ प्रकृति, भौतिक जीवन, लोक संस्कृति, इतिहास, आधुनिकता और वैचारिक प्रतिबद्धता स्मृति और देशकाल के बीच कुछ इस तरह अंतर्क्रिया करते हैं कि उसकी ठीक-ठीक व्याख्या कर पाना, औरों को तो छोड़ें, स्वयं कवि के लिए सहज सम्भव नहीं होता। बचपन में सुनता था कि निराला से जब कोई उनकी कविता का संदर्भ या अर्थ पूछता था तो वे कहते थे कि मुझे नहीं मालूम, या मैं नहीं जानता। लोर्का भी अपनी कविता के संदर्भों और

आशयों पर कुछ-कुछ इसी अंदाज़ में बात करते थे, जिसका एक अर्थ यह भी हुआ कि रचे जाने के बाद स्वयं कवि के लिए भी उसकी कविता अपरिचित और अव्याख्येय हो जाती है, अगर वह सचमुच कविता है—पद्य या विवरण मात्र नहीं।

शैशव और बचपन वह उम्र है, जब व्यक्ति के जीवन में संवेदना और संस्कारों के बीज पड़ जाते हैं। बाद के जीवन में उनका विकास भर होता है। आँखें खोलते और होश संभालते ही लोर्का का पहला सामना प्रकृति से हुआ—नदी, पहाड़, झरने, खेत, वनराजि। ये सब उनकी संवेदना में गहरे रच-बस गये और आगे चलकर उनके नानारूप बिम्ब लोर्का की कविताओं में लगातार दस्तक देते लक्ष्य किये जाते रहे। उसी बाल्यकाल में अदंलूसियाई लोक-जीवन के राग-विराग, समाजार्थिक असमानता के द्वन्द्वात्मक, किन्तु मार्मिक जीवनानुभवों ने भी लोर्का के मानस को गहरे तक प्रभावित किया, और ये बुनियादी जुड़ाव व प्रभाव किशोर व युवाकाल में, ग्रानादा की शहरी संस्कृति के अन्य कारकों के व्यक्तित्व में आ जुड़ने के बावजूद, निरंतर पुष्ट ही होते रहे। इसी सबके बीच, कोई 13-14 की किशोरावस्था में, लोर्का के मनोलोक में कविता के स्रोत फूटने शुरू हुए। उन स्रोतों से उठने वाली जल-तरंगों में उनकी अपनी स्वाभाविक लय, अपने स्वाभाविक संगीत, वायु-आकाश और आसपास के प्रभाव तो थे ही, अंदलूसियाई बंजारा लोकसंस्कृति और पियानो-गिटार वाले नागर संगीत के उपादान भी शनैः शनैः आते-जुड़ते गये और, एक तरह से, लोर्का की कविता की अपनी खास पहचान बनते गये। 1921-22 में पहली काव्यकृति 'लिब्रा दे पोएमास' के प्रकाशन तक लोर्का ने 'कांसियॉन' (गीत), 'सुइते' (शृंखलाबद्ध गीत), क्रिश्चियन अनुष्ठानों से जुड़े 'साएता' (विलाप गीत) और बनजारा गान के बीच से अपना काव्यशास्त्र लगभग विकसित कर लिया था, जिसमें शब्दों और पंक्तियों की स्वाभाविक लय के साथ-साथ लोक और नागर संगीत की विशिष्ट, कहें अविभाज्य, भूमिका थी। दिलचस्प तथ्य है कि स्पानी में लोर्का और हिंदी में निराला का जन्म एक ही कालावधि में हुआ और दोनों ने अपनी कविता के प्रमुख उपकरण शब्द और संगीत के बीच से विकसित किये। दोनों की ही कविता में गेय तत्व की प्रधानता है। 1920-21 वाले काल में ही लोर्का ने अपने एक मित्र को लिखा था, कि मैं 'कांते खोंदो' ('डीप सांग') को गहरी और विशिष्ट, सांगीतिकता में रच रहा हूँ और मुझे भय है कि उसकी लोकप्रियता का व्यावसायिक दुरुपयोग हो सकता है। इस संदर्भ में, लोक समाज में 'कांते खोंदो' की काव्यवस्तु, काव्यशास्त्र और संगीत की ठीक-ठीक समझ विकसित करने के उद्देश्य से लोर्का ने अपने कुछेक संगीतज्ञ मित्रों के साथ एक समारोह भी आयोजित किया था।

ग्रानादा काल के लोर्का के यौवनोद्रेक में एक नया आयाम माद्रिद (स्पेन की राजधानी) के अध्ययन काल में, वहाँ के विकसित बौद्धिक वातावरण के सम्पर्क ने जोड़ा, जिसकी प्रभावशाली अभिव्यक्ति 'जिप्सी बैले' में हुई। वरिष्ठ और समकालीन कवियों के साथ निरंतर संवाद के जरिये एक ओर जहाँ लोर्का की काव्यकला और अधिक पुष्ट हुई, वहीं नाटक और रंगमंच के क्षेत्र में उनकी सघन संलिप्ति ने उनके कृती व्यक्तित्व की पहचान और विकास के अन्य गवाक्ष भी खोले। माद्रिद में ही सल्वादोर दाली, लुई बुनुएल आदि कलाकारों-फिल्मकारों की मैत्री ने जहाँ उन्हें आधुनिकता के द्वन्द्व को समझने की दृष्टि दी, वहीं रफ़ाएल अल्बेर्ती और पाब्लो नेरूदा, होर्खे गीय्येन आदि प्रतिबद्ध कवि-मित्रों के सान्निध्य में उनकी विचारधारा मे पैनापन आया। 1930-31 की अमरीका और क्यूबा की यात्रा ने लोर्का के भावनालोक को यथार्थ की और कड़ियल ज़मीन पर उतारा। भौतिक समृद्धि और पूंजीवादी शोषण का जो नग्न रूप लोर्का ने अमरीका में देखा उसकी सघन अभिव्यक्ति 'पोएट इन न्यूयॉर्क' की कविताओं में लक्ष्य की गई।

लोर्का ने एक जगह कहा है कि अपने समूचे भावनालोक में मैं धरती से संबद्ध हूँ। धरती से यह संबद्धता ही उनके सृजन का मूल चरित्र है। धरती के रोमकूपों से फूट कर बहने वाला पानी, उसके सीने पर इठलाने वाली प्रकृति और प्रकृति का राग लोर्का के काव्यशास्त्र के बुनियादी उत्प्रेरक माने जाने चाहिए। 'देहाती समाज' की आर्थिक असमानता ने भी, ग्रानादा के बचपन में, लोर्का को बहुत गहरे तक झंझोड़ा और करुणार्द्र किया था। उसी का विकसित रूप आगे चलकर रिपब्लिंकस के साथ, फ्रांको की तानाशाही के विरुद्ध लड़ते और अंत में शहीद होते उजागर हुआ। गाँव-गाँव, क़स्बे-क़स्बे में घूम-घूम कर तानाशाही के विरुद्ध लोर्का ने जो अग्निधर्मी व्याख्यान दिये (वे बहुत निपुण वक्ता भी थे), 'बैले आफ दि स्पेनिश सिविल गार्ड' की जो आवृत्तियाँ की, उसमें धरती और धरती के लालों से लोर्का के काव्यलोक की गहरी संबद्धता के दर्शन होते हैं। सशस्त्र-रिपब्लिकन क्रांतिकारियों की तुलना में, तानाशाह फ्रांको को लोर्का ज़्यादा ख़तरनाक नज़र आये। उसने उन्हें रूसी एजेंट कहा और अपने हत्यारे फलांगिस्ट गिरोह को हरी झंडी दिखा दी कि इसे जैसे भी हो, जल्दी से जल्दी सीन से बाहर करो!...और जब लोर्का एक शाम एक जनसभा में काव्यपाठ करके दूसरे गाँव की तरफ बढ़ रहे थे, तो अंधेरे का फायदा उठा कर फलाँगिस्टों ने उन्हें 'सीन से बाहर कर दिया'। लेकिन क्या सचमुच?

नृतत्वशास्त्रीय संदर्भों में लोर्का के भावनालोक का एक कोमल कोना अंदलूसिया है। वे स्वयं को स्पेनिश की अपेक्षा अंदलूसी अधिक मानते थे और

ग्रानादा, सेविय्ये, कार्दोबा से मिलकर बने अंदलूसिया क्षेत्र की संस्कृति, इतिहास और समाज के साथ अपनी गहरी पहचान करते थे। इस पहचान की सघनता उनकी समग्र कविता में फैली-पसरी है। इसी के साथ-साथ अरबी संस्कृति ने भी उन्हें अपने से बहुत गहरे तक जोड़ रखा था। अरबों ने कई सदियों तक स्पेन पर शासन किया था और एक ऐसी सम्यता विकसित की थी, जिसमें कविता, ज्योतिर्विज्ञान, वास्तुकला की आकाश छूती ऊँचाइयाँ थीं। लोर्का को दुख था कि उस महान संस्कृति को पन्द्रहवीं सदी के समाप्त होते न होते कैथोलिक आक्रांताओं ने तहसनहस कर दिया। अरब-अंदलूसियाई संस्कृति के सान्निध्य में विकसित हुआ लोर्का का भावनालोक उनके काव्यलोक का अविभाज्य अंग है। उनकी कविता का दुख, अवसाद, रुदन, प्रेम, मृत्यु, सब का दर्पण अरब-अंदलूसियाई संस्कृति ही है। बावजूद इसके, नस्लीय गंध उनकी कविता के आसपास कहीं दूर-दूर तक नहीं फटकने पाई। अंदलूसिया का बिम्ब लोर्का के मनोलोक में एक ऐसे संगम स्थल के रूप में था, जिसमें प्राच्य-पाश्चात्य, ग्रीकोरोमन, अरब-बनजारा, ईसाई और यहूदी आदि सभी भिन्न-भिन्न संस्कृतियाँ समाहित हैं। वे स्वयं को इन सभी संस्कृतियों-परम्पराओं का आधान मानते थे और यदा-कदा भ्रांत कल्पना किया करते थे कि मेरे शरीर में जिप्सी (बनजारा) अथवा यहूदी खून भी हो सकता है। 1918 में अपने एक मित्र को उन्होंने लिखा, "मैं एक बहुत बड़ा रोमांटिक हूँ और इस पर मुझे गर्व है। युद्धों और मौतों की एक मनुष्यविरोधी सदी में मैं अपने पियानो पर बैठा हूँ और रो रहा हूं और ऐसी कविताएँ लिख रहा हूँ जो खास मेरी अपनी हैं। मेरे गीत जितने ईसामसीह को सम्बोधित हैं, उतने ही बुद्ध को, और उतने ही मोहम्मद को।" लोर्का के यहाँ शोकगीतों, विलाप गीतों की जो बहुयायत है उसे उनके इसी रोमानी रुदन से जोड़कर देखा जाना चाहिए। 'तमरित दीवान' में एक पंक्ति है : "मैं अपने आँसुओं की विराट परछाईं हूँ।" आँसुओं की विराट परछाईं ही लोर्का को स्पानी कविता का करुणावतार बनाती है।

प्रेम, ऐंद्रियता, मृत्यु लोर्का की कविता में खासी जगह घेरते हैं। मानव स्वभाव की ये नैसर्गिक वृत्तियाँ हैं। निगम-नेति से तर्कातीत। देवता और ऋषि-मुनि तक इनसे अछूते नहीं रह पाये। और शायद यही वे वृत्तियाँ हैं, जो मनुष्य को संवेदनशील बनाती हैं। किन्तु लोर्का के यहाँ प्रेम और यौनिकता की अवधारणाएँ खासी द्वन्द्वात्मक हैं। चौदह-पन्द्रह वर्ष की उम्र में लिखी गई एक कविता (अप्रकाशित-असंकलित) में उन्होंने कहा, "मेरे शुक्रकोष को रिस-रिस कर एकदम रिक्त हो जाने दो, ताकि मेरा शरीर रक्त और ऊष्मा से मुक्ति पा सके। मैं एक बच्चे जैसा होना चाहता हूँ। शुभ्र और शान्त, जो अपनी प्रिय जननी की

काली चित्तीदार गौर जंघाओं में ईश्वर से बातें करते एक सितारे को सुन सके।" फिर एक कविमित्र को लिखा कि मेरे अन्दर प्रेम का इतना विशाल और गहरा, उमड़ता हुआ सागर है कि दुनिया की कोई भी एक औरत उसका सामना नहीं कर सकती-झेल नहीं सकती। 1918 में लिखे गये एक लेख में लोर्का ने कहा, "दैहिक प्रेम क्यों? मैं नहीं जानता...मैं सिर्फ यह कह सकता हूँ कि अगर मेरे दिल से खून रिसता है, तो यह उसी की वजह से। अगर मेरी आँखों में आँसू आते हैं, तो उसी की वजह से। अगर मेरी आत्मा एक कुम्हलाए हुए फूल जैसी दिखती है, तो उसी की वजह से।" इसी अवधि में अपने एक मित्र को उन्होंने लिखा, "मेरी छवि और मेरी कविता किसी बहुत ऐंद्रिय (पैशॅनेट) व्यक्ति की छाप छोड़ती हैं...तब भी मेरी आत्मा के तल में बहुत ही बालसुलभ, बहुत ही विपन्न, बहुत ही प्रच्छन्न होने की उत्कट आकांक्षा है। मेरे समक्ष बहुत सी समस्याएं हैं, बहुत सी बहकाती-फुसलाती आँखें, दिल और दिमाग के बीच की बहुत-सी टकराहटें, और मेरा समस्त भावुक पुष्पण किसी सुनहरे बाग़ में प्रवेश पाने का इच्छुक, और मैं इस सबसे दूर भागने की पुरजोर कोशिश करता हूँ, क्योंकि बचपन के खेल-खिलौने मुझे बहुत प्रिय हैं, और कई बार पीठ के बल ज़मीन पर लेटकर मैं अपनी नन्हीं मुन्नी बहिन (वह मेरे आनंद का स्रोत है) के साथ खेलता रहता हूँ।...किन्तु वह प्रेतात्मा जो हमारे अन्दर वास करती है हमसे घ्रणा करती है और रास्ते से नीचे गिरा देती है...प्रत्येक बीतते दिन के साथ एक और संदेह, एक और उदासी। मेरे अस्तित्व से जुड़ी बुझौवल की उदासी।"

यथार्थ और आदर्श के द्वन्द्व से जुड़ी यह बुझौवल लोर्का को ऐसी सनकों तक ले जाती है जहाँ वे किसी पौधे में, आसमान के किसी तारे में, शीतल-मंद समीर में या किसी तितली में स्वयं को रूपांतरित होते देखना चाहते हैं। वे एक ऐसे फूल में बदल जाने की आकांक्षा से भर उठते हैं, जो एक तरह के अशरीरी रूप में प्रजननात्मक क्रिया का आनंदोपभोग करा सके।...यह एक कवि-मन की सनकें हैं, एक अशांत कवि-मन की सनकें हैं, जो एक अर्थ में उसकी कविता को एक तरह के ऐंद्रजालिक सौंदर्य से समृद्ध करती हैं। अपनी क्यूबा यात्रा के दौरान लोर्का ने हवाना में, मध्यकाल के अपने प्रिय महान स्पानी कवि गंगोरा के काव्यपक्ष पर एक गम्भीर विश्लेषणात्मक व्याख्यान दिया था। उसमें उन्होंने रेखांकित किया था कि गंगोरा की कविता की "फैंटेसी में उनके पाँच कायिक संवेदन समाहित हैं जो, पाँच तटस्थ गुलामों की भाँति, अंधाधुन्ध उनकी आज्ञा का पालन करते हैं। ये उनके साथ वह धोखेबाजी नहीं करते, जैसी वे अन्य मरणशील जीवों के साथ करते हैं।" लोर्का द्वारा किया गया गंगोरा की कविता

का यह विश्लेषण उनकी अपनी कविता को भी, एक सीमा तक, समझने का सूत्र काव्यप्रेमियों को सुलभ करता है। लोर्का की अपनी कविता में भी फैंटेसीनुमा एक स्वप्नलोक है, जहाँ प्रेम, मृत्यु, भाग्यवाद जैसी मानव जीवन की नैसर्गिक वृत्तियाँ, उदासी, थकान, अकेलापन, क्रोध, हिंसा जैसी भाव स्थितियाँ मानवीय रूप ग्रहण कर हमारे सम्मुख आती हैं। 'सुइते' और 'साएता' शैली के गीतों में, 'डीप सांग' की कविताओं में, विलुप्त अरबी संस्कृति के 'कार्मेन' जैसे संदर्भों, बनजारा गीतों की 'सिगुइरिया', 'पतनेरा' आदि विशिष्ट गान शैलियों तथा ऐसे ही बनजारा लोक संस्कृति, अरब-अंदलूसियाई संस्कृति के अनेक संदर्भों-प्रतीकों का मानवीकरण करके लोर्का ने अपनी एक कूट पौराणिकी रची है। 'तमरित दीवान' भी उसी पौराणिकी का एक हिस्सा है। लोर्का की जानकारी में, अरबी में 'तमरित' खजूरों के बाग को कहते हैं (इसकी ताईद कोई अरबी का जानकार ही कर सकता है)। ग्रानादा के ग्रामांचल में उनके एक घनिष्ठ सम्बन्धी का एक 'ह्वार्ता' (छोटा फार्म) था, जिसमें खजूर के दरख़्त तो सिरे से नहीं थे, बेशक वेगा नदी के तट की खूबसूरत पॉपलर वृक्षों की क़तार और सियेरा निवादा के मनभावन दृश्यों का नज़ारा वहां से लिया जा सकता था। लोर्का को वह ह्वार्ता इतना प्रिय था कि उसकी कल्पना उन्होंने 'तमरित' के रूप में की और उससे जोड़कर अपने ग़ज़लों-क़सीदों के संग्रह का नाम 'तमरित दीवान' रखा। लोर्का की ग़ज़लों और क़सीदों का रूप भी वह नहीं है, जो फारसी और उर्दू कविता के जरिये जाना जाता है। इस फर्क की जानकारी लोर्का को बखूबी थी और इन काव्य-रूपों की क्लासिक संरचना से भी वे परिचित थे। इसके बावजूद अगर उन्होंने 'तमरित दीवान' की कविताओं को ग़ज़ल और कसीदा श्रेणियों में रखा, तो इसमें एक स्तर पर अरबी संस्कृति से जुड़ी स्मृतियों की अभिव्यक्ति थी तथा एक अन्य स्तर पर अपनी कविता की पौराणिकी विकसित करने का जज़्बा।

लोर्का की कविता की यह जो पौराणिकी है वह एक अर्थ मे गिलगमेश गाथा का स्मरण कराती है। उसे एक महाकाव्य की भाँति पढ़ा जा सकता है। कवि को हमारे यहाँ स्वयंभू कहा गया है। लोर्का इन अर्थों में स्वयंभू हैं कि अपनी कविता की एक कूट पौराणिकी रचने के बावजूद, सौ साल बाद भी वे किसी बिल्कुल समकालीन, किसी महबूब शायर की तरह पढ़े और सराहे जाते हैं।

नया दिल

साँप की भाँति मेरे दिल ने अपनी केंचुल उतार दी है,
मैं उसे हाथ में थामे हूँ,
शहद से और ज़ख़्मों से भरपूर।

कहाँ हैं अब वे ख़याल
बसेरा किया था कभी
जिन्होंने तुम्हारी लपेटनों में?
कहाँ हैं वे गुलाब
जिन्होंने जीसस क्राइस्ट और शैतान, दोनों को
अपनी ख़ुश्बू दी?

अभागा आवरण, नम कर दिया जिसने
मेरे बेमिसाल सितारे को,
भूरा, मातमी चर्मपत्र, उसका
प्यार किया जिसे कभी मैंने
अब किन्तु क़त्तई नहीं करता जिसे प्यार।

दीखती हैं मुझे तुममें गर्भस्थ कलाएँ,
सूखी-ऐंठी कविताएँ, मेरे भावुक रहस्यों की अस्थियाँ
और कभी की निश्छलता।

टाँगूँ तुम्हें मैं अपने भावुकता भरे जादूघर की दीवार पर
अपने गुनाह की उदास, ठंडी, सोई पुतलियों की
बग़ल में?

या फैलाऊँ तुम्हें देवदारों पर—
मेरे प्रेम की व्यथित पोथी—
ताकि सीख सको वह गान
भोर वेला में बुलबुल जो गाती है?

(जून 1918)

शरद गान

आज अपने हृदय में मैं
सितारों का एक अस्पष्ट-सा कंपन
अनुभव कर रहा हूँ,
किन्तु मेरी राह कुहासे की आत्मा में खो गई है।
रोशनी मेरे पंख कतरती हुई,
और मेरा दुख
यादों को भावना के सोते में डुबोता हुआ।

सफ़ेद हैं सारे गुलाब,
वैसे ही सफ़ेद जैसी मेरी वेदना :
लेकिन गुलाब महज़ इसलिए सफ़ेद हैं
कि उन पर बर्फ़ गिरी है,
पहले उनके पहलू में इन्द्रधनुष था,
बर्फ़ आत्मा पर भी गिरी है—
आत्मा पर गिरी बर्फ़ पपड़ियों की शक्ल में है :
दृश्य और चुम्बन डूबे हुए
रोशनी या उस किसी की परछाईं में
जो उन्हें सोचता है।

गुलाबों पर से झर जाती है बर्फ़
लेकिन आत्मा पर जमी रहती है
और शिकारी वर्षों के पंजे
उससे कफ़न बुनते हैं।

क्या बर्फ़ पिघलेगी
जब मृत्यु हमें यहाँ से ले जाएगी?
या, बाद में, दूसरी बर्फ़ आ जमेगी,

दूसरे गुलाब होंगे,
ज़्यादा ख़ूबसूरत?

क्या शांति हमें मिलेगी
जैसा जीसस की शिक्षाओं में है
या कोई सम्भव समाधान नहीं होगा समस्या का?

और क्या हम प्रेम द्वारा छले गये हैं?
कौन उबारेगा हमें
अगर हमें शाम की धुंध ने
ला धँसाया है अच्छाई के सच्चे ज्ञान में—
नहीं भी हो सकता है जिसका अस्तित्व,
और बुराई से, जो ठीक बग़ल में टक्कर मार रही है?

और उम्मीद अगर समाप्त है
वक़्त है कौआरोर का,
कौन सी मशाल आलोकित करेगी
धरती की राहों को?

और उदासी अगर छलावा है
क्या होगा निश्छलता का?
क्या होगा दिल का
अगर प्यार के पास कोई तीर नहीं हैं?

और मृत्यु अगर मृत्यु ही है फ़क़त
क्या होगा कवियों का
और उन सोई पड़ी चीज़ों का
जिन्हें अब कोई याद नहीं करता?

ओ उम्मीदों के सूर्य!
निर्मल जल! अमावस के चाँद!
बच्चों के-से दिल!

चट्टानों की खुरदरी आत्माओ!
आज अपने हृदय में मैं
सितारों का एक अस्पष्ट-सा कंपन
अनुभव कर रहा हूँ
और सारे गुलाब सफ़ेद हैं
वैसे ही सफ़ेद जैसी मेरी वेदना।

(नवम्बर 1918)

शोक गान

कामना की धूपदानी की भाँति
तुम गुज़रती हो प्रभासित संध्या में
कुम्हलाई जटामासी की अपनी उदास देह के साथ
और तुम्हारी टकटकी पर रति-भाव की सत्ता होती है।

तुम्हारे होंठों पर निर्जीव पवित्रता की उदासी
और तुम्हारी कोख के सुरा-चषक में चुम्बनों के फल,
मकड़ा बुनता हुआ एक बाँझ परदा अँतड़ियों के लिए
जो हँसते-मुस्कुराते गुलाबों के साथ कभी सरसब्ज़ नहीं हुईं।

तुम्हारे पवित्र हाथों में एक लच्छी सपनों की
जो अब पूरी तरह मर चुके हैं, और तुम्हारी आत्मा में
जलते चुम्बनों की लालसा का भावोद्रेक
और मातृत्वजनित प्रेम—पालनों-हिंडोलों की दूरवर्ती झाँकियों के
सपने देखता हुआ और निष्चेष्ट,
तुम्हारे होंठों पर किसी लोरी की उदासी थिरकती हुई।

कृषि-देवी सेरेस[1] की भाँति तुमने भी लगाए होते
स्वर्णिम धान्य के ढेर, यदि सुषुप्त प्रेम ने
तुम्हारी देह को छुआ होता,
और कुमारी माँ[2] की भाँति, तुम भी प्रवाहित कर सकी होती
अपनी छाती से एक और आकाशगंगा।

मैग्नोलिया की भाँति मुरझाना ही तुम्हारी नियति है

1. रोमन पौराणिकी में कृषि की देवी।
2. ईसा मसीह की माँ मरियम।

कोई नहीं चूमेगा तुम्हारी अंगारा जाँघें,
तुम्हारे केशों में किसी की उँगलियाँ नहीं दौड़ेंगी
जैसे वीणा के तारों पर दौड़ती हैं।

आह, आबनूस और बालछड़ से शक्तिमती स्त्री,
जिसकी साँस वैसी ही शुभ्र जैसी चमेली!
फुलकारी की शॉल में वीनस, जो गिटार की धुन
और मीठी मलागा शराब के नशे से परिचित है।

आह, उदास हंसिनी, जिसकी झील में 'साएता'[1] गानों के
कमल खिले हैं, संतरों की लहरें हैं, और जिसमें से
कार्नेशन के लाल फूलों की फुहियाँ उड़ती हैं
सुवासित करती हैं जो उसके पंखों के नीचे महफ़ूज़
मुरझाये घोंसलों को।

किसी ने तुम्हें उर्वरता से संपन्न नहीं किया,
ओ अंदलूसियाई शहीद, तुम्हारे चुम्बनों को तो
अंगूर की लता के नीचे होना चाहिए था—
अर्धरात्रि की निस्तब्धता और ठहरी हुई नदी की
व्यग्र लय से छलकते।

किन्तु तुम्हारी आँखों के नीचे घेरे
और तुम्हारे काले केश चाँदी के तारों में तब्दील होते,
तुम्हारे स्तन गिरे हुए—सुगंधि रिसती हुई उनमें से,
और तुम्हारी रीढ़ झुकती हुई।

आह, कनकछरी कामिनी, मातृवत् और प्रज्वलित!
निराशा से भर देने वाली हमारी महिमामयी उदासी,
गहनतम आसमान के समस्त सितारों ने

---

1. स्पेन के, विशेषकर सेविय्ये क्षेत्र में, ईसा मसीह और मरियम के एक सप्ताह तक चलने वाले अनुष्ठानों में, जुलूसों में गाये जाने वाले विलाप गीत।

जड़वत् कर दिया उसका हृदय।

तुम आइना हो उस अंदलूसिया का
जो चुपचाप बर्दाश्त करता है पंखों से दोलित
और ओढ़नियों से गले में तह किया भावोद्रेक
ख़ून और बर्फ़ से थरथराता और
टकटकियों की लाल पगडंडियों की खरोंचों-भरा।

शरत् की धुंध में आगे जातीं तुम,
एग्नेस, प्यारी क्लारा और सिसीलिया जैसी बेदाग़;
नाच उठा होता बाखुसपंथी[1],
हरी अंगूर लताओं और उनकी पत्तियों से अभिषिक्त।

तुम्हारी आँखों में तिरती असीम उदासी
तुम्हारी बिखरी ज़िन्दगी की असफलताओं का बयान है,
विपन्नता की एकरसता, दरीचे के बाहर से गुज़रते
लोगों को ताकना,
पुरानी देहाती गलियों की बदहाली पर होती
बारिश को सुनना,
जबकि दूर से आता सिर जकड़ लेने और परेशान करने वाला
घंटा-निनाद।

किन्तु व्यर्थ ही तुम्हें सुनते रहने पड़े हवा के स्वराघात
और किसी प्रेमी द्वारा, खिड़की के नीचे खड़े होकर गाये गये
मधुर सांध्यगीत के स्वर तुम्हारे कानों में कभी नहीं पड़े,
तब भी तुम पर्दों के पीछे से, उचक-उचक कर,
निहारती रहीं लालसा से भरी।

कितनी गहरी उदासी तुम्हारी आत्मा में,
महसूस करना, अब ख़ाली-ख़ाली-से, तुम्हारे सीने में

1. शराब के देवता 'बाखुस' (Bacchus) के भक्त, अर्थात् मद्यप।

प्रेम की डगर में नयी-नयी आई एक जवान लड़की की उमंग!

राग-रंजित ही जाएगी तुम्हारी देह क़ब्र में,
एक प्रभातगान फूटेगा उस उदास मिट्टी पर,
तुम्हारी आँखों में खिलेंगे कार्नेशन के दो लाल फूल
और तुम्हारे स्तनों से दो हिमश्वेत गुलाब।

किन्तु तुम्हारी उदासी सितारों तक जाएगी
उन्हें आहत और धूमिल करने को उपयुक्त एक और तारे की भाँति।

(दिसम्बर 1918)

लघु गान

बुलबुल के पंखों पर
छहरे हैं ओसकण,
चटकीले मनके चन्द्रमा के
उम्मीद से चुआए हुए।

मर्मरीं फौवारे पर
पानी का चुम्बन है,
सपना विनम्र सितारों का।

बाग़ों में लड़कियाँ
सिर्फ़ अलविदा कहती हैं
            जब मैं उधर से गुज़रता हूँ,
घंटियाँ भी कहती हैं अलविदा,
बस्स् दरख़्त चूमते हैं
            शाम के झुटपुटे में।
रोता हुआ
मैं गली में उतरता हूँ
नाकारा, बेसहारा,
            साइरानो और किहोते की उदासी के साथ,
घड़ी की लय से अनगिनत मुसीबतों का
            हरजाना भरते हुए।
मेरी आवाज़ में ख़ूनी रोशनी के धब्बे हैं
और लिली के फूल सूखे हुए;
मेरा गान किसी सफ़ेद चेहरे वाले मसखरे जैसा
                        भड़कीला है।
प्यार—मृदुल प्यार को एक मकड़े ने छिपा रक्खा है
और मैं, सूरज नामधारी एक और मकड़े की

सुनहरी टाँगों के नीचे छिपा हूँ।
नहीं पा पाऊँगा मैं अपना ऐश्वर्य
क्योंकि मैं स्वयं प्यार जैसा हूँ,
आँसू जिसके तीर हैं, और
दिल जिसका तरकस।

सब कुछ छोड़-छाड़ दूँगा अब
और अपने दुखभोग रोऊँगा
किसी भूली दास्तान के
भटक गये बच्चे की भाँति।

(दिसम्बर 1918)

दरख़्त

दरख़्तो!
क्या कभी तीर थे तुम
गिरे थे नीले आसमान से?
किन दुर्दान्त योद्धाओं ने
फेंका तुम्हें नीचे?
सितारों ने?

तुम्हारा संगीत परिंदों की रूह से फूटता है
ईश्वर की आँखों से
आदर्श अनुराग से।
दरख़्तो!
तुम्हारी सख़्त जड़ें
मिट्टी में दबे मेरे दिल को
पहचानेंगी?

(1919)

गीत

तुम्हारी आँखों में निहारा मैंने
जब मैं बच्चा था और सच्चा था।
तुम्हारे हाथों ने मेरी त्वचा को सहलाया
और तुमने मुझे एक चुम्बन दिया।

(एक-सी होती है टिक्-टिक् सभी घड़ियों
की एक-से होते हैं सितारे सभी रातों में)

और मेरा दिल खिल उठा
जैसे खुले में खिला कोई फूल,
उसकी पंखुड़ियाँ इच्छाएँ
उसकी केसर सपने।

(एक-सी होती है टिक्-टिक् सभी घड़ियों
की एक-से होते हैं सितारे सभी रातों में)

कहानी वाले राजकुमार की भाँति
सुबक पड़ा मैं अपने भीतर
प्रेमा अस्त्रेय्यिता[1] के लिए,
भाग खड़ा हुआ था जो घोड़ों की भिड़न्त से।

(एक-सी होती है टिक्-टिक् सभी घड़ियों
की एक-से होते हैं सितारे सभी रातों में)

---

1. अंग्रेजी की लोककथा 'सिण्ड्रेला' से मिलती-जुलती एक स्पानी लोक कथा की नायिका (Estrellita), जिसके माथे पर उसकी संरक्षिका माँ मेरी ने एक सुनहरा सितारा अंकित किया था। लोर्का के इस गीत में उसी रूपक का पुनर्सृजन किया गया है।

भाग खड़ा हुआ मैं तुम्हारे पहलू से,
प्यार कर बैठा बिना उसे जाने हुए,
नहीं जानता अब तुम्हारी आँखें
कैसी नज़र आती हैं, न तुम्हारे हाथ
न तुम्हारे केश।
मैं सिर्फ़ तुम्हारे चुम्बन की तितली को
जानता हूँ, जो मेरे माथे पर बैठी है।

(एक-सी होती है टिक्-टिक् सभी घड़ियों
की एक-से होते हैं सितारे सभी रातों में)

(1919)

नैश गान

मैं भयभीत हूँ
सूखी पत्तियों से
ओस-भरे खेतों से।
अब मैं सोऊँगा,
और अगर तुमने जगाया नहीं
अपना ठंडा दिल
मैं तुम्हारी बग़ल में छोड़ जाऊँगा।

"ये इस क़दर सरसरा क्या रहा है
...इतनी दू र ?"
"प्यार।
खिड़कियों पर हवा,
मेरे प्यार!"

मैंने तुम्हें हारों से सजाया
मैंने तुम्हें भोर के गहनों से सजाया,
तुमने मुझे रास्ते में अकेला क्यों छोड़ दिया?

अगर तुम दूर चले गये
मेरा कबूतर रोयेगा
और अंगूरों का सरसब्ज़ बाग़
अंगूरी नहीं बनाएगा।

"ये इस क़दर सरसरा क्या रहा है
...इतनी दू र ?"
"प्यार।
खिड़कियों पर हवा,

मेरे प्यार!"

हे हिम रहस्यावतार*,
तुम कभी नहीं जान पाओगे कि
भोर की भारी बारिशों के दौरान
जब सूखी शाख़ पर घोंसला तबाह होता है
मैंने तुम्हें कितना प्यार किया होता।

"ये इस क़दर सरसरा क्या रहा है
इतनी दू र ?"
"प्यार।
खिड़कियों पर हवा
मेरे प्यार!"

(1919)

* अंग्रेजी के 'स्नो स्फिंक्स' (Snow Sphinx) के लिए प्रयुक्त।

वसंत गान

(1)
प्रसन्न स्कूली बच्चे
गली में उमड़ते हुए,
झूलते हुए कोमल गान
अप्रैल की गुनगुनी हवा में।
क्या है ख़ुशी की बात
गली की गहरी ख़ामोशी के लिए!
टूक-टूक होना उसका
पुदीने की ख़ुशबू-बसी
नयी रुपहली हँसी से।

(2)
तिपहर की राहें उतरता
मैं फुलवारी में फूलों के बीच जाता हूँ,
छिड़क आया रास्ते में अपनी उदासी।
एकाकी पहाड़ी पर
एक देहाती क़ब्रिस्तान
नज़र आता उस खेत जैसा
जिसमें कपाल-बीज बोए हुए हों।
और सरू के दरख़्त
भारी-भरकम सिरों जैसे फूलों से लदे हुए,
जो, ख़ाली कोटरों और हरे बालों के साथ,
विषाद और उदासी से भरे, विचारमग्न,
क्षितिज को ताक रहे हैं।

ओह्, अप्रैल का दिव्य महीना
ख़ुशबू और धूप से लदाफदा आया है
भर रहा है पुष्पित कपालों को
सुनहरे घोंसलों से।

(28 मार्च, 1919)

सपना

मेरा दिल शीतल झरने की ढलानों से सटा आराम फरमा रहा है।

(भरपूर धागा कात इससे
ओ विस्मृति के मकड़े!)

झरने के सोतों ने उसके कानों में फुसफुसाया अपना गान।

(भरपूर धागा कात इससे
ओ विस्मृति के मकड़े!)

मेरा दिल जागा और अपनी प्रेमाओं का बखान किया।

(भरपूर धागा कात इससे
ओ विस्मृति के मकड़े!)

झरने के सोतों ने गम्भीरतापूर्वक उसे सुना।

(बुन इससे अपनी गूढ़ता
ख़ामोशी के मकड़े!)

मेरा दिल उमड़ पड़ा शीतल झरने में।

(बुन इससे अपनी गूढ़ता
ख़ामोशी के मकड़े!)

और ख़ुशी से गाते-गुनगुनाते हुए, परे ठेल दिया उसे सोतों ने।

(ओह्, दूरस्थ मासूम हाथो, कुछ
भी नहीं बचा अब सोतों में!)

(मई, 1919)

शाम

बरसाती शाम थकीमाँदी बेलुत्फ़
और ज़िन्दगी अपने ढर्रे पर।
झुके हुए ऊँघते-से दरख़्त
अकेलेपन में डूबा मेरा कमरा
और पुरानी तस्वीरें
और किताबें, जिनके पन्ने तक नहीं काटे गये...

फ़र्नीचर पर टपकती है उदासी,
मेरी आत्मा पर टपकती है उदासी। शायद
प्रकृति का सीना कभी भी
सुस्पष्ट नहीं होगा मेरे लिए।

एक तरह की टीस है मेरे दिल के गूदे में
मेरी आत्मा के गूदे में।
और जब मैं बोलता हूँ
मेरे शब्द हवा में उतराते हैं
जैसे पानी पर कार्क।

सिर्फ़ तुम्हारी आँखों के लिए
महसूस होती है यह वेदना,
यह व्यतीत होती उदासी,
और आनेवाली उदासी।

बरसाती शाम थकीमाँदी बेलुत्फ़
और ज़िन्दगी अपने ढर्रे पर।

(नवम्बर, 1919)

मेरी आत्मा की परछाईं

मेरी आत्मा की परछाईं
वर्णमाला के सूर्यास्त, किताबों की धुंध
और शब्दों के रास्ते
निकल भागी।

मेरी आत्मा की परछाईं!

मैं उस सीमारेखा पर पहुँच गया हूँ
जहाँ विरहराग विराम ले लेता है
और शोकगान का अवरोह
अंतरात्मा की सेलखड़ी हो जाता है।

(मेरी आत्मा की परछाईं!)

दुख की लच्छी चुक गई
किन्तु होंठों की मेरी पुरानी दोपहर बची हुई है,
टकटकियों की पुरानी दोपहर।

धुँधले सितारों की एक अस्पष्ट भूलभुलैया
मेरी लगभग निस्तेज पड़ चुकी भ्रान्ति को फँसाये हुए है।

मेरी आत्मा की परछाईं!

और विभ्रम मेरी टकटकी को
दुहता रहता है
घिस चुका नज़र आता है मुझे
'प्यार' नाम का शब्द।

बुलबुल, मेरी बुलबुल,
मेरी आत्मा की परछाईं!

(दिसम्बर, 1919)

सितारों का समय

अनुगुंजित ख़ामोशी रात की,
एक सुर असीम के सरगम पर।

खोई हुई कविताओं की प्रौढ़ समझदारी के साथ
मैं नंगा गली में क़दम रखता हूँ।
कालिमा छनी हुई झिल्लियों की झनकार से :
ध्वनि,
वह निर्जीव छलना,
वह संगीतमय रोशनी
अंतरात्मा द्वारा अनुभूत।

एक हज़ार तितलियों के पंजर
मेरी दीवारों के घेरे में सोये हुए हैं

नदी के ऊपर टूटी पड़ रही
युवा हवाओं की एक भड़कैल भीड़।

(1920)

पथ

तुम्हारा बरछा क्षितिज को कभी आहत नहीं कर पायेगा,
पर्वत की ढाल है
उसकी सुरक्षा के लिए।

मत देखो सपना चन्द्रमा के रक्त का,
बस आराम फ़रमाओ।
किन्तु, ओ पथ,
मेरे पैरों के तलवे ओस को चूमने दो!

ओ प्रकांड हस्तरेखाशास्त्री,
तुमने शायद आत्माओं का रहस्य
उन धुँधले गोदनों में पढ़ा
जो भुलक्कड़ी में वे तुम्हारी पीठ पर छोड़ गईं?
अगर तुम पदचिन्हों के फ्लामारां* हो
कैसे चुमकारोगे गुज़रते खच्चरों को
जो सहज कोमलता से सहलाते हैं तुम्हारा विदीर्ण शरीर!
सिर्फ़ वही समझते हैं तुम्हारे प्रचंड बरछे का लक्ष्य,
जीवजगत के मध्य बोधिसत्व,
सिर्फ़ वही,
जब बूढ़े-थके होने पर भी
वे अर्थाते हैं तुम्हारी शब्दातीत पोथी।

कितने चिंताकुल हो तुम गाँव-घरों के मध्य!
कितनी उज्ज्वल तुम्हारी शुचिता!
धैर्यपूर्वक सहारा देते हो

---

* फ्रांस का एक ज्योतिर्विज्ञानी : (1842-1925)

चार सोई गाड़ियों
दो कीकरों
और
एक पुराने कुएँ को
जिसमें पानी नहीं है।

दुनिया-भर की सारी यात्राओं में
न तुम्हारे लिए कोई ठिकान
न क़ब्रिस्तान, न कफ़न;
कोई बढ़ा हुआ प्रेमिल हाथ भी नहीं
कि एक बार फिर खुद को तरोताज़ा महसूस कर सको।

किन्तु बाहर आओ खेतों-मैदानों से,
और अगर
असीम की अदृष्ट दूरी में
अपनी निर्दोष रेती से तुम उदासी उँकेरते हो,
तो, ओ पथ,
तुम्हें सांता क्लारा के पुल* पर जाना होगा।

---

* एक कल्पित पुल, जिसका उल्लेख यहाँ कवि ने बच्चों के एक गीत की स्मृति से जुड़कर किया है। ("जैसे ही मैंने पार किया पुल सांता क्लारा का/पानी में जा गिरी अँगूठी मेरी हा-हा-हा")

बाधित संगीत गोष्ठी

अर्धचन्द्र, एक उनींदा और जड़
विलम्बित स्वर,
यति देता हुआ और
अर्धरात्रि के सुरीलेपन को
छिन्न-भिन्न करता हुआ।

नरकट में दुबकी खाइयाँ
मौन विरोध दर्ज करती हैं
और मेढकों, अँधेरे के मुअज्जिनों ने
चुप्पी साध ली है।

क़स्बे की पुरानी कलवरिया में
उदास संगीत थम गया है
और सबसे बूढ़े सितारे ने
अपने बैरल अर्गन पर
चन्द्रमा के मुखड़े पर से गुज़रते बादल के टुकड़े को चिपका दिया है।

हवा पहाड़ की अंधी कंदराओं में
जा जमी है
और एक अकेला पॉप्लर—
उजाड़ मैदानों का पैथागोरस—
अपने सौ साल बूढ़े हाथों को उँचाना
और चन्द्रमा के मुँह पर तमाचा
जड़ना चाहता है।

(एदोल्फो सालाज़ार के लिए)

(1920)

सागर-पानी का पवाड़ा

दू ऊ ऊ र से मुस्कुराता है सागर—
फेन के दसन
आसमान के अधर।

"ओ अटपट नवेली,
क्या बेचती हो तुम,
उरोजों को अपने हवा में उछालती?"

"बाबू, मैं सागर-पानी बेचती हूँ।"

"ओ साँवली-सलोनी,
क्या ढो रही हो तुम
अपने ख़ून में घुलाये?"

"बाबू, मैं सागर-पानी ढो रही हूँ।"

"वे खारे आँसू
कहाँ से आते हैं, मइया?"

"बाबू, मैं सागर-पानी रोती हूँ।"

"मेरा दिल, और यह घोर
कड़वाहट : कहाँ जनमी यह?"

"कितना कड़वा, सागर-पानी!"

दू ऊ ऊ र से मुस्कुराता है
सागर—
फेन के दसन
आसमान के अधर।

(इमालियो प्रादोस : बादलों की शिकारी : के लिए)

(1920)

चाहना

सिर्फ़ तुम्हारा गर्म दिल,
और कुछ नहीं।

मेरा स्वर्ग एक मैदान
जहाँ न बुलबुलें हैं
न वीणाएँ,
बस एक मामूली फौवारा
और एक गहन-गम्भीर जलधारा,
शाख़ पर हवा का कोई झकोरा नहीं
कोई सितारा नहीं
पत्ती होने को तरसता।

ढेर सारी रोशनी
ललकती हुई महज़ जुगनू होने को
किसी और की,
खंडित टकटकियों के मैदान में।

एक उल्लसित शांति,
और वहाँ हमारे चुम्बन,
अनुगूँज के मुखड़े पर
सुरीले सौन्दर्य-चिह्न,
उद्घाटित होंगे
स्वप्नलोक में।

और तुम्हारा गर्म दिल,
और—
कुछ नहीं।

(1920)

कुछ आत्माएँ...

कुछ आत्माओं की क़िस्मत
उदासी में डूबी होती है।
सुबहें समय के वर्कों के बीच
दबी-निचुड़ी हुई।
और शुद्ध-पवित्र कोने
पूर्वराग और सपनों की
प्राचीन गुनगुनाहट से अस्त-व्यस्त।

कुछ आत्माएँ
भावोत्कटता के विषण्ण छायाभासों से
ऊबचूब होती हैं।
कीड़ों के खाये फल।
किसी दग्ध आवाज़ की अनुगूँजें
परछाइयों के रेले की तरह
                एक दूरी से आतीं।
आहोज़ारी से ख़ाली यादें।
चुम्बनों की किनकियाँ।

मेरी आत्मा बहुत पहले ही पक चुकी है।
सड़ रही है अब,
                रहस्यपूर्ण रूप में अँधेरी।
भ्रान्ति के कुतरे हुए बचकाने पत्थर
गिरते हुए मेरी चिंतन की नदी में।
हर पत्थर कहता हुआ :
“दूर है ईश्वर!”

(8 फरवरी, 1920)

शोकगीत : ख़ामोशी के प्रति

अरी ख़ामोशी, कहाँ लिये जा रही हो तुम
अपनी खिड़की का पल्ला
हँसी, शब्दों और दरख़्तों की सिसकियों से दाग़दार?
अरी ख़ामोशी, कैसे साफ़ करती हो तुम
अपनी ओढ़नी की प्रशान्त श्वेतता से
गीत की ओस और दूरस्थ सागरों के गुंजरित धब्बे?
कौन पूरेगा तुम्हारे ज़ख़्म
जब खुले मैदानों में कोई पुरानी पनचक्की
अपने सुस्त फरसों से चीर देगी तुम्हारा शीशा?
कहाँ जाओगी तुम, अगर सूरज डूबने के वक़्त
घंटियाँ तुम्हें ज़ख़्मी कर दें और तुम्हारी बन्द खाड़ियाँ
गीतों के गल्लों से टूट जाएँ
और अद्‌भुत रूप से सुनहरी गुनगुन
आँसुओं की शक्ल में नीले पहाड़ों पर गिरने लगे?

जाड़े की हवा तुम्हारी उदासी की छिपटियाँ उतारती है
और किसी शीतल प्रपात का नीरव विलाप
तुम्हारे बाग़ों को भेद देता है
जहाँ कहीं तुम हाथ टिकाती हो वहाँ हँसी का काँटा होता है
अथवा भावावेश से तपते कुठार का प्रहार।
बाहर सितारों के मध्य भी
उदास परिंदों का गम्भीर गुंजन
तुम्हारे प्रच्छन्न कपाल का संतुलन अस्त-व्यस्त कर देता है।

आवाज़ से दूर भागती हुई
ख़ुद आवाज़ हो तुम :
सुमेल का छायाभास,

रुदन और गान का धुआँ

अँधेरी और उदास रातों में हमारे क़रीब आती हो
वह शब्द फुसफसाने, जो पुहुप बास से भी पातरा है—
साँस की हलचल के बिना-होंठों की हरकत के बिना।

सितारों से छनी और संगीत से परिपक्व,
ख़ामोशी, कहाँ ले जाती हो तुम
अपना मानवेतर विषाद,
लययुक्त मकड़ीजालों में फँसा;
अब सदा के लिए सूख गया
तुम्हारा पावन उद्गम?

आज, अनुचिंतन से उदास तुम्हारी लहरें
सुरीली राख और चिरंतन विषाद को रगेद रही हैं,
पुकारों की अनुगूँजें विलीन हो गईं अब सदा के लिए,
एक सूखे महासागर का दूरवर्ती शोर।

अगर येहोवा* नींद में जा डूबा,
ख़ामोशी, आसीन हो तेजस्वी सिंहासन पर,
चटकाओ एक निस्तेज सितारा उसके सिर पर
और शान्त करो गम्भीरतापूर्वक
रोशनी का शाश्वत संगीत।
फिर लौटो अपने उद्गम की ओर
जिसमें से, अनादि-अनंत रात्रि में
प्रवाहित हुईं तुम शान्तिपूर्वक—
ईश्वर और काल से पूर्व।

(जुलाई, 1920)

---

* बाइबिल के 'ओल्ड टेस्टामेंट' में ईश्वर का नाम।

चौराहा

ओह्, कैसा दुख कि कविताएँ
भावावेश से परे हैं
और दिमाग़ में धब्बे ही धब्बे हैं
स्याही के!

ओह्, कैसा दुख कि सुखी आदमी की
अजीबोगरीब कमीज़ ला-हासिल है—
भूरी चमड़ी
धूप की क़ालीन,

(अक्षरों के रेवड़ आँखों के आसपास
चक्कर लगाते हुए।)

ओह्, कैसा दुख कविता के चिरंतन दुख का :
यह चिपचिपा दुख कितनी दूर है साफ़ पानी से!

ओह्, गीतात्मकता से ऊबचूब होने की व्यथा का दुख!
ओह्, सूखे पड़े फौवारों और
आटा-रहित चक्कियों का दुख!

ओह्, कैसा दुख कि कोई दुख नहीं
कि अनिश्चित गली की बेरंग घास पर
काटनी है ज़िन्दगी!

ओह्, सबसे गहरा दुख :
आह्लाद का दुख,
कोई हल कूँड़ काटता हुआ हमारे लिए

जहाँ रुदन में फल आते हैं!

(एक काग़ज़ी पहाड़ पर
उगता है सर्द चन्द्रमा।)

ओह्, सच का दुख!
ओह्, झूठ का दुख!

(जुलाई, 1920)

आमुख

प्रभुवर,
यह रहा मेरा दिल!
धँसाओ इसमें अपना राजदंड।
यह एक बीही है
बहुत सर्द मौसम की
और सड़ी हुई भी।
खींच निकालो गाते-गुनगुनाते बाज़ों के पंजर
जिन्होंने इतने गहरे तक आहत किया,
और अगर चोंच हो तो खींच लो चमड़ी।

किन्तु यदि उत्साह न जगता हो
अच्छा ही होगा मेरे लिए,
रखो अपना उबाऊ और नीरस नीला आसमान
और सितारों का नाचीज़ युगल नृत्य,
रखो अपना अनंत असीम भी :
मैं अपने एक दोस्त से उधार माँग लाऊँगा दिल
नदी-नालों और देवदारों से भरापूरा दिल
और लोहे की एक बुलबुल
जो युगों के हथौड़े के आगे टिकी रहे।

अलावा इसके, शैतान भी मुझे पसन्द करता है
हवस के मामले में एक इम्तिहान हमने साथ-साथ दिया था।
वह धूर्त!
वह तलाश कर देगा मेरे लिए पसंदीदा गुलदाउदी*—

---

* गुलदाउदी की एक विशेष क़िस्म 'मार्गरिते' (Marguerite), जिसके एक पौधे में एक ख़ास रंग और आकार का एक ही फूल आता है।

वादा है उसका मुझसे,
बेमिसाल गुलदाउदी, किसी पुराने जैतून दरख़्तों के इलाक़े में,
गरमी की रातों की दो चोटियों वाली,

ताकि मैं उघड़ सकूँ उसकी पवित्र रानों पर।
और तब, प्रभुवर,
तब मैं तुम्हारे जितना ही समृद्ध हो जाऊँगा,
या शायद तुमसे भी ज़्यादा,
क्योंकि आसमानी ख़ालीपन की तुलना
उस शराब से नहीं की जा सकती
जो शैतान अपने उम्दा दोस्तों को देता है।
विलाप गीतों की शराब।
किन्तु कौन परवाह करता है!
हू-ब-हू तुम्हारी चिंचिआती सुरा जैसी।

बताओ, स्वामी,
मेरे प्रभु!
तुम्हारा इरादा क्या हमें अगाध अँधेरे में ले जा पटकने का है?
क्या हम अन्धे और बिना घोंसले के पखेरू हैं?

रोशनी घट रही है
और पवित्र तेल?
लहरें दम तोड़ रही हैं।
क्या तुम खिलौना सैनिकों की भाँति
हमारे साथ खेलना चाहते थे?

बताओ, स्वामी,
मेरे प्रभु!
हमारे दुख तुम्हारे कानों तक नहीं पहुँचते?
क्या तुम्हारे निंदागान बिना ईंट-गारे वाली
बैबेल की मीनारों तक नहीं पहुँचे
कि तुम आहत महसूस करो,

या तुम मज़ा ले रहे हो महज़ शोरशराबे का?

बहरे हो तुम? अन्धे?
या भेंगी हैं तुम्हारी आँखें
कि इन्सान की आत्मा में कपट भाव से देखती हैं?

ओह्, अकिंचन प्रभु!
मेरे दिल की तरफ़ देखो,
सर्द बीही जैसा :
बहुत ठंडे मौसम की सड़ी हुई बीही जैसा।

अगर तुम्हारी रोशनी पहुँचे
खोलो जीती-जागती आँखें;
किन्तु अगर तुम सोते ही रहते हो :
आजा, बण्डैल शैतान,
ख़ूँख़ार तीर्थयात्री,
लिटा मेरे लिए गरमियों की रातों की दो चोटियों वाली
बेमिसाल गुलदाउदी, जैतून दरख़्तों के दरमियान!
देखूँगा कि उसकी संजीदा आँखों में
कैसे परचा पाता हूँ मैं आग
अपने लिली के फूलों जैसे चुम्बनों से।
और एक गुँगुआती शाम में सुनूँगा मैं अपना नग़मा
'एनरीक़! एनरीक़!'
जब तक मेरे सारे सपने ओस से लबालब नहीं हो लेंगे।

यह...यह मेरा पुराना दिल है, दयानिधान,
जा रहा हूँ मैं अपने एक दोस्त से एक नया दिल उधार माँगने—
नदी-नालों और देवदारों से भरा-पुरा एक दिल,
साँपों और लिलियों से रहित, एक भरा-पुरा दिल—
एक ही छलाँग में नदी पार कर जाने वाले
किसी युवा किसान के जैसा कड़ियल दिल।

(24 जुलाई, 1920)

ग्रीष्म गान

जिप्सी बाला एस्त्रेय्या*,
जोड़ो अपना अरुण मुख मेरे मुख से!
काटूँ मैं दोपहर की सुनहरी धूप में
दाँतों से वह सेब।

पहाड़ी पर जैतून के जंगल में
खड़ी है मूर युग की एक मीनार
उसी रंगत की तुम्हारी किसानी देह
आस्वाद जिसका शहद जैसा
भोर जैसा।

तुम्हारी झुलसी देह दिव्य भोजन है
जो प्रशान्त नदी-तल को फूल और
वायु को सितारे भेंट करती है,

उदास रोशनी, तुमने भला क्यों सौंपा था स्वयं को मुझे?
क्यों दी मुझे अपनी प्रेमोच्छल लिली रति
अपने स्तनों की कलकल?

क्या मेरे मातमी चेहरे की वजह से
(ओह् मेरी अनाड़ी ठवन!),
शायद तुमने गान की
मेरी कुम्हलाई ज़िन्दगी पर तरस खाई?

तुमने मेरे विलाप गीतों को ही क्यों चुना था,
विलम्बित रति वाले सुदर्शन किसान संत क्रिस्तोफर की

* अंग्रेजी के 'स्टार' (Star) शब्द के समकक्ष स्पानी शब्द 'Estrella'। इसे यहाँ व्यक्तिवाची संज्ञा के रूप में लिया गया है।

पसीना पियी जाँघों को क्यों नहीं?

आनन्द कानन हो तुम मेरे लिए,
अरण्यानी हो तुम मेरे लिए,
चुम्बनों में तुम्हारे
गंध है ग्रीष्म में पके गेहूँ की।

ढक दो मेरी आँखें अपने गान से
फैला दो अपने केश
घास के मैदान पर फैली
परछाईं की चादर जैसे भव्य,

चित्रित करो मुझ पर कोई प्रणय स्वर्ग
अपने रक्ताक्त मुख से,
और देह की पटभूमि पर वेदना का
बैंजनी सितारा।

तुम्हारी उन्मुक्त आँखों ने पकड़ लिया है
मेरा अंदलूसियाई उड़नघोड़ा,
उड़ेगा यह उदास और एकाकी
उन्हें मृत देखकर।

अगर न भी प्यार किया होता तुमने मुझे
मैंने किया होता तुम्हारी उदास टकटकी के लिए
तुम्हें प्यार
जैसे लवा नये उगते दिन को करता है
महज़ ओस के लिए।

जिप्सी बाला एस्त्रेय्या,
जोड़ो अपना अरुण मुख
मेरे मुख से,
भोगने दो मुझे वह सेब
प्रखर दोपहर में।

(अगस्त, 1920)

नये गान

दोपहर-ढले का वक़्त कहता है :
'मुझे परछाईं की प्यास है!'
और चाँद : 'मुझे सितारे चाहिए।'
बिल्लोरी फौवारा होंठों के लिए व्याकुल है
हवा, आहों के लिए।

मैं खुश्बुओं का प्यासा हूँ और हास्य का।
मैं प्यासा हूँ नये गानों का
जिनमें लिली के फूल, चाँद और
व्यतीत प्रेम न हों।

एक प्रशान्त और प्रांजल गान
चिन्तनपूर्ण, उदासी, विषाद और
दिवास्वप्नों से अछूता।

गीतात्मकता का छिलका उतरा हुआ एक गान
नीरवता को हास्य से तृप्त करता हुआ।
(निगूढ़ता में उड़ाये गये अप्रत्यक्ष पंडुकों का
एक झुंड।)

एक गान जो वस्तुओं की आत्मा में प्रवेश करे
हवाओं की आत्मा में,
और अंत में शाश्वत हृदय के परमांनद में
विश्राम करता हुआ।

(अगस्त, 1920)

चाँद के प्रति गीत

सफ़ेद कछुए,
सोये हुए चाँद,
कितना धीमे चलते हो तुम!
बन्द किये हुए अपनी एक मायावी पलक
घूरते हो तुम एक पुरातात्विक पुतली की भाँति
शैतान की एक आँख वाली पुतली की भाँति भी...
शायद
यह कोई स्मृतिचिन्ह है
अराजकों के लिए विशद पाठ।
दुश्मन-सैनिकों के छोटे सिर और मुर्दा आँखें
अपने प्रांतरों में बोना येहोवा का स्वभाव रहा है।
भावहीनता की मनहूस पगड़ी पहने हुए
वह पवित्र फेज़ शहर[1] का बादशाह है
भोर के भूरे कौए की ओर
लुभावने निर्जीव तारे उछालता।
और यही वजह है, चाँद,
सोये हुए चाँद, कि तुम
उस निरंकुश येहोवा के दुर्व्यवहार का
विरोध किये जाते हो,
जो वही पुरानी-घिसीपिटी राह
मुहय्या कराता है तुम्हें
जबकि स्वयं
अपनी प्रियतमा
महिमामयी मृत्यु के साथ ऐश करता है...

---

1. मोरक्को का एक धार्मिक नगर। तुर्की टोपियाँ यहीं बनती थीं।

सफ़ेद कछुए,
सोये हुए चाँद,
सूर्य के विशुद्ध गमछे (Veronica)[1],
तुम जो हर शाम पोंछते हो
उसका तमतमाया चेहरा,
उम्मीद रखो, मृत तारे,
तुम्हारे लोक का महान लेनिन
सप्तर्षि मंडल होगा।
आकाश का वह उद्दण्ड पशु
शान्त मन से देगा विदाई सलामी
उस विराटकाय बूढ़े आदमी को
छह दिनों तक।

और तब, श्वेत चन्द्र,
आयेगी विशुद्ध राख की बादशाहत।

(जहाँ तक मेरी बात है,
मैं तो शून्यवादी हूँ,
तुमने भलीभाँति गौर किया है।)

(अगस्त, 1920)

1. ईसा मसीह को क्रास पर चढ़ाये जाते वक्त, मुँह पोछने के लिए, उनके भक्तों के द्वारा दिया गया कपड़ा।
(लोर्का की कविताओं का स्थापत्य और प्रत्येक कविता की निजी पौराणिकी उन्हें सीधे-सीधे अर्थाने-व्याख्यायित करने की छूट नहीं देतीं। फिर भी, यह कविता जब रची गई, अराजकतावादियों के नेतृत्व में एक देशव्यापी श्रमिक विद्रोह स्पेन में हुआ था। यहूदीवाद, ईसाइयत और जुरथ्रुस्त्रवाद से जुड़े संदर्भ भी यहाँ लक्ष्य किए जाएंगे।)

स्मृति गीत

प्रिय पॉपलर
प्रिय पॉपलर,
पीत बदन हो गये तुम,
हरे थे कल तक—
शानदार परिंदों से शोभित
          हरी सनक।
आज हो अधोमुख
सम्मुख अगस्त-आसमान के,
जैसे मैं
          अपनी लोहित आत्मा के
               आसमान के नीचे।
प्रेममय हृदय मेरा
पा लेगा
          तुम्हारे तने की मोहक सुवास।
कड़ी मारें झेले
          पितामह कर्मक्षेत्र के,
तुम और मैं
          दोनों
               पीतवर्ण में बदल गये।

(अगस्त, 1920)

डूब गया सूर्य

डूब गया सूर्य
और वृक्ष, मूर्तियों की भाँति,
चिंतन में लीन हैं।
गेहूँ की कटनी संपन्न हो चुकी।
कैसी तो उदासी घिरी है
शान्त पनचक्कियों पर!

एक देसी कुत्ता
वीनस[1] के प्रति लालसा से भरा हुआ
भूँकता है उसकी ओर,
और वह बिखेर रही अपनी छटा,
एक विशाल सेब की भाँति,
उस मैदान पर जिसे अभी उसने चूमा नहीं है।

ओस के उड़नघोड़े मच्छर
थमी हुई हवा में मँडरा रहे हैं।
रोशनी, वह विपुल पिनेलॅपी[2],
बुन रही है एक प्रभासित रात,

---

1. यूनानी पौराणिकी में प्रेम की देवी।
2. यूनानी पौराणिकी के विख्यात चरित्र ओदिसियस (रोमन पौराणिकी में यूलिशस) की पत्नी। त्राय के युद्ध से वापस लौटने में अनपेक्षित विलम्ब हो जाने पर, प्रतिद्वन्द्वी शासकों ने पिनेलॅपी पर दबाव डाला कि वह उनमें से किसी के साथ विवाह कर ले। पिनेलॅपी को ओदिसियस के वापस लौटने का विश्वास था। अतः उसने उन सभी को भ्रम में रखने के लिए कहा कि वह अपने बूढ़े ससुर के लिए कफन बुन रही है। कफन की बुनाई पूरी होने के बाद ही वह कोई फैसला करेगी। इस तरह दिन-भर में वह करघे पर जितना बुनती उसे रात में खोल देती। इसी तरह उसने अपने पति के वापस आने तक की अवधि बिताई।

“सो जाओ, छोरियो,
भेड़िया आ रहा है।”
मिमियाती है एक अदना भेड़।
“दोस्तो, अभी क्या शरद ही है?”
पूछता है एक मुचमुचा फूल।

आएँगे अब भेड़ों के चरवाहे अपने घोंसलों के साथ
दूर पहाड़ों के पार से।
खेलेंगी अब नन्हीं मुन्नियाँ
सट कर पुरानी सराय के दरवज्जे से,
और घर सुनेंगे वे प्रेमगीत
अरसे से जो उनके दिल में बसे हैं।

(अगस्त, 1920)

पूछताछ

नीले सलीबी फूल*!
तितलियों की निहाई!
समय की गाद में
तुम भलीभाँति रह लेते हो?

(ओ बचकाने कवि,
अपनी घड़ी तोड़ दो!)

फीके नीले तारे,
भोर की नाभि,
परछाईं के झाग में
तुम भलीभाँति रह लेते हो?

(ओ बचकाने कवि,
अपनी घड़ी तोड़ दो!)

नीलाभ दिल,
मेरे कमरे के चिराग़
मेरे संगीतप्रेमी ख़ून के बिना
तुम भलीभाँति धड़क लेते हो?

(ओ बचकाने कवि,
अपनी घड़ी तोड़ दो!)

समझ लिया तुम सबको मैंने,

---

* सलीबी फूल (Passion Flower), लता प्रजाति का एक फूल, जिसकी लता की बनावट, ईसा मसीह को सूली पर चढ़ाये जाने के समय प्रयोग में लाये गये औजारों से मेल खाती है।

समय के कीड़े को
मैं दराज में छोड़ आया हूँ,
उसके फौलादी बूँद
मेरे कमरे की शान्ति में
कोई खलल नहीं डालते।
मैं जाकर शान्तिपूर्वक सो जाऊँगा
जैसे तुम सोते हो,
सलीबी फूलो!
क्योंकि, अन्त में वह तितली ही
पार करेगी समय की धारा को—
जब मेरे सीने में एक गुलाब पैदा होगा।

(अगस्त, 1920)

गान

मेरा चुम्बन एक अनार था
ख़ूब खुला और गहरा,
तुम्हारा मुँह
 एक काग़ज़ी गुलाब।

पटभूमि : बर्फ का एक मैदान।

मेरे हाथ लोहा थे
निहाइयों के लिए,
तुम्हारी देह
मृत्यु की सूचना देते बजते
 एक घंटे का सूर्यास्त।

पटभूमि : बर्फ का एक मैदान।

विषण्ण कपाल ने जँभाई ली,
भीतर झूलते हुए
मेरे 'मुझे तुम पर प्यार है' के
 आरोही निक्षेप,

पटभूमि : बर्फ का एक मैदान।

मेरे बचकाने सपने
फफुँदियाए हुए,
और मेरी उत्तरोत्तर घटती-बढ़ती वेदना
चन्द्रमा के जरिये बिधी हुई

पटभूमि : बर्फ का एक मैदान।

अब मैं सर्वोच्च विद्यालय में
विधिवत् अभ्यास करता हूँ
अपना प्रेम, अपने सपने
(बिना आँखों वाले टट्टू)।

और पटभूमि है बर्फ का एक मैदान।

(अक्टूबर, 1920)

हीरक

एक सितारे के हीरक ने
खरोंच दिया है गहन आसमान को।
प्रकाश का पंछी, जो ब्रह्मांड से
पलायन कर जाना चाहता है,
भाग रहा है उस विशाल नीड़ से
जिसने उसे बंदी बनाया
किन्तु महसूस नहीं होने दी ज़ंजीर उसके गले में।

मानवेतर आखेटक
आखेट करते हुए सितारों का,
नीरवता के सरोवर में
सच्चे रजत हंस।

शिशु पॉपलर अपनी वर्णमाला का
राग छेड़े हुए हैं,
एक शान्त बूढ़ा दरख़्त
शिक्षक की भूमिका में
हिला रहा है अपनी बेजान टहनियाँ।
दूर पहाड़ पर
सिर्फ़ बेहरकत ताश के पत्ते।
कितनी उदास, ज़िन्दगी क़ब्रिस्तान की!

छेड़ो, मेढक, अपना गान!
झिल्ली निकलो बाहर अपने छेद से!
रचो एक सुरीला उपवन
अपनी बाँसुरियों से
जबकि मैं, बेचैनी से भरा, मुड़ता हूँ घर की ओर,

दो किसान फाख़्ते
हलचल मचाये हैं मेरे दिमाग़ में
और दिवस का डोल
डूब रहा है दूर क्षितिज में।
काल की भयानक पनचक्की!

(नवम्बर, 1920)

बनजारिन सिगुइरिया

भूदृश्य

जैतून के दरख़्तों के मैदान
खुलते और बन्द होते हैं
किसी पंखे की तरह।
एक भरा-भरा-सा आसमान
जैतून के दरख़्तों के ऊपर
और गुमसुम सितारों की उदास बारिश।
नरकट और प्रतिछायाएँ
लरजती हुई नदी के कगार पर
और मनहूस हवा सरसराती हुई।
जैतून के दरख़्त चीख़ों से लदेफदे।
झुण्ड के झुण्ड बंदी परिंदे
अपनी लम्बी-लम्बी पूँछें
हिलाते-डुलाते हुए गुमसुम धुँधलके में।

गिटार

गिटार रो रहा है
टूक-टूक हो गये भोर के प्याले
गिटार रो रहा है।
व्यर्थ है उसे चुप कराना
मुमकिन भी नहीं है उसे चुप कराना
रोये जा रहा है एकरस
गिटार—

जैसे पानी रोता है
जैसे हवा रोती है
बर्फ़ीले इलाक़े में।
मुमकिन नहीं है उसे चुप कराना—
बहुत दूर की चीज़ों के लिए रो रहा है वह।
दक्खिन की गर्म रेतीली धरती
कामेलिया के सफेद फूलों के लिए तरस रही है
तीर रो रहा है कि निशाना नहीं है
शाम रो रही है कि सुबह बग़लगीर नहीं
और डाली पर पहली मरी हुई चिड़िया।
गिटार,
आह गिटार,
दिल बेहद ज़ख़्मी है
पाँच तलवारों से।

सिगुइरिया की राह

काली तितलियों के बीच
जा रही है एक साँवली लड़की
धुंध के एक सफ़ेद साँप की बग़ल से

रोशनी की धरती
धरती का आसमान

जा रही है वह एक लय की थरथराहट से जकड़ी हुई
पास नहीं आती जो कभी;
उसके पास चाँदी का एक दिल है
उसके दाहिने हाथ में एक कटार है।

कहाँ जा रही हो, सिगुइरिया,

बिना सिरे वाली लय के साथ?
कौन-सा चन्द्रमा बटोरेगा
चूना और कनेर की तुम्हारी व्यथा?

रोशनी की धरती
धरती का आसमान

बाद में

बच्चे दू ऊ ऊ र कहीं
टकटकी बाँधे हुए

चिमनियाँ बुझी हुईं
कुछेक अन्धी लड़कियाँ
चाँद के बारे में सवाल पूछती हुईं

और रुदन की गुंझलकें
हवा के रुख़ उठती हुईं।

पहाड़ दू ऊ ऊ र कहीं
टकटकी बाँधे हुए।

और तब

समय जो भूलभुलैया बनाता है
विलीन हो जाती हैं

(बची रहती है
सिर्फ़ मरुभूमि।)

कामनाओं का फौवारा,
हृदय,
विलीन हो जाता है

(बची रहती है
सिर्फ़ मरुभूमि।)

भोर का विभ्रम
और चुम्बन
विलीन हो जाते हैं

बची रहती है
सिर्फ़ मरुभूमि—
लहरिल मरुभूमि।

अंदलूसिया की लोक संस्कृति में सिगुइरिया बंजारा गीतों की समृद्ध परम्परा रही है। उनके सम्पूण
ा प्रभाव के अनुरूप कवि ने यहाँ सिगुइरिया की एक स्त्री के रूप में कल्पना की है।

चीख़

एक चीख़ का चाप
पहाड़ी से पहाड़ी तक
सफ़र करता है।

जैतून के दरख़्तों से
एक काला इन्द्रधनुष
नीली रात पर।

अरे!

वायोला के गज़ की तरह
चीख़ ने हवा के लम्बे तारों को छेड़ दिया।

अरे!

(गुफ़ाओं के रहवासी
अपने चिराग़ लेकर बाहर निकल आये।)

अरे!

चुप्पी

सुनो, मेरे बच्चे, चुप्पी को सुनो!
लहराती चुप्पी को,
उस चुप्पी को
जो घाटियों और अनुगूँजों को

रपटीला कर देती है
पेशानियाँ ज़मीन के रुख़ झुका देती है।

कटार

बंजर धरती में जैसे
धँसती है हल की फाल
दिल में वैसे ही
दाखिल होती है कटार।

नहीं
इसे मुझमें से मत दौड़ाओ
नहीं!

कटार सूरज की
किसी किरन की तरह
आग लगा देती है
घोर गहराइयों में।

नहीं
इसे मुझमें से मत दौड़ाओ
नहीं!

विस्मय

गली में छोड़ गये वे उसे
मरा हुआ
सीने में धँसी कटार के साथ।

किसी ने नहीं जाना उसे।

किस तरह थरथराई
गली की चिमनी, माँ!
किस तरह थरथराई
नन्हीं चिमनी गली में!

भोर का वक़्त था
और किसी में ताब नहीं थी
कि हवा की ढिठाई को परे झटकता
उसकी आँखों में झाँक पाता।

और गली में मरा पड़ा था वह
सीने में धँसी कटार के साथ

किसी ने नहीं जाना उसे।

अकेली[1]

काले कपड़े पहने
सोचती है वह, दुनिया नन्हीं-सी
और दिल इत्ता बड़ा!

काले कपड़े पहने!

सोचती है वह
नाज़ुक आह और रुलाई
हवा के बहाव के साथ ग़ायब हो जाते हैं

काले कपड़े पहने!

बारजा खुला पड़ा था
और अलसुबह समूचा आसमान
बारजे के रास्ते
भीतर उमड़ पड़ा।

अरेरे-रे,
काले कपड़े पहने!

बारजा

लोला गा रही है
विलाप गान।[2]

---

1. इस कविता में अकेलेपन को एक स्त्री के रूप में प्रकल्पित किया गया है। 2. यहाँ विलाप गान, ईसाई धर्मानुष्ठान से जुड़े 'साएता' (Saeta) गीतों के लिए प्रयुक्त हुआ है। ये गीत कुछ-कुछ मोहर्रम के दौरान गाये जाने वाले मर्सिया की भाँति होते हैं और स्पेन के सेविय्ये क्षेत्र में विशेष रूप से इनका प्रचलन है। ईसा मसीह और मरियम से संबन्धित साएता गीत एक सप्ताह तक चलने वाले जुलूसों के दौरान रोते हुए गाये जाते हैं और उनमें भक्ति भाव प्रमुख होता है।

घेरे हैं उसे
सम्भावित साँड़-जोधा
और नाई का छोकरा
अपने दरवाज़े से
सिर हिला-हिला कर
झूम रहा है उसकी ताल पर।
गा रही है लोला
तुलसी और पुदीने के दरमियान
रुदन गान,
वही लोला
जो देर-देर तक निहारा करती थी
खुद को
पानी के कुंड में।

दो लड़कियाँ

लोला

संतरे के झाड़ के नीचे
धो रही है वह अपने पोतड़े।
आँखें उसकी हरी
आवाज़ उसकी बैंजनी,

अरे, प्रिय,
बौराये संतरे के नीचे!

धूप में नहाया
दरिया का पानी
                    कलकल बहता हुआ,
जैतून के झुरमुट में
गाती हुई एक गौरैया।

अरे, प्रिय,
बौराये संतरे के नीचे!

बाद में, लोला जब
घिस डालेगी सारा साबुन
आयेंगे युवा साँड़-जोधा।

अरे, प्रिय,
बौराये संतरे के नीचे!

अम्पारो

अरी, अम्पारो,
इतनी अकेली तुम अपने आवास में,
सफ़ेद लिबास में!

(चमेली और जटामासी के बीच
मेंड़ जैसी)

अपनी अँगनाई के अद्भुत फौवारों को
तुम सुनती हो,
सुनती हो पीली चिड़िया की बारीक आवाज़ की
उदास थरथराहट,

दोपहर-ढले परिंदों के साथ थरथराते
सरू के दरख़्तों को तुम निहारती हो
और किरमिच के टुकड़े पर
आहिस्ता-आहिस्ता
हरूफ़ों की क़शीदाकारी करती रहती हो।

अरी, अम्पारो,
इतनी अकेली तुम अपने आवास में,
सफ़ेद लिबास में!

और...अम्पारो!
बहुत मुश्किल है जुबान पर ला पाना—
कि...
कि मुझे तुम पर प्यार है।

पतनेरा की तस्वीर

घंटी

पीले पड़ चुके उदास दुर्ग में
बजती है घंटी।

उदास हवा के ऊपर खिलते हैं
घंटी के स्वर।

पीले पड़ चुके उदास दुर्ग में
घंटी थम जाती है।

हवा धूल के साथ मिल कर
जहाज़ के अगले सिरे जैसी
रुपहली शक्लें बनाती है।

राह

एक सौ घुड़सवार मातमी पोशाक में।
कहाँ जायेंगे वे
संतरा बागान के नियराये आसमान के नीचे से?
नहीं पहुँच पायेंगे कभी वे कार्दोबा
या कि ग्रानादा—सागर के लिए
आहें भरता है जो।
ऊँघते-निंदाते घोड़े वे
उन्हें ले जाएँगे
सलीबों की भूलभुलैया की ओर
जहाँ गान थरथराते हैं।

कहाँ जायेंगे वे
बिंधे सात आहों से
एक सौ अंदलूसी घुड़सवार
संतरा बागान के?

छह तार

सपनों को
रोने को
विवश करता है गिटार।
सिसकियाँ विलुप्त आत्माओं की
भाग निकलती हैं उसके गोल मुँह के रास्ते
और वह
मकड़े की भाँति
बुनता है एक बड़ा तारा
फँसा सके उसमें ताकि
काठ की अपनी मनहूस हौदी में
गिरती आहें।

नृत्य
(पतनेरा के बाग में)

बाग़ की रात में
छह जिप्सी औरतें
सफ़ेद लिबास में नाचती हुई।

बाग़ की रात में

काग़ज़ी गुलाबों और
चँबेली के गजरे गूँथे।

बाग़ की रात में
उनके मोतियों-जैसे दाँत
उँकेरते हैं झुलसा अँधेरा।

और
बाग़ की रात में
लम्बी-भूरी परछाइयाँ
छूती हैं आसमान की ऊँचाइयाँ।

पतनेरा की मृत्यु

श्वेत प्रासाद में
मर रहा है आदमी का खँडहर।

एक सौ टट्टू कावा बदल रहे हैं
उनके सवार एकदम मरे हुए।

चिमनियों के थरथराते सितारों के नीचे
ताँबई जाँघों के बीच लरजता है
उसका लहरियादार घाँघरा।

एक सौ टट्टू कावा बदल रहे हैं
उनके सवार एकदम मरे हुए।

लम्बी छरहरी परछाइयाँ
उतरती हैं धुँधले उदास क्षितिज से
और गिटार का मंद्र तार टूट जाता है।

एक सौ टट्टू कावा बदल रहे हैं
उनके सवार एकदम मरे हुए।

आरोह

आह जिप्सी पतनेरा!
आह पतनेरा!!

अच्छी लड़कियाँ नहीं थीं
तुम्हारी अंत्येष्टि में,
वे लड़कियाँ, जो मृत यीशु के
केश सवाँरती हैं
और मेले जाते वक़्त
सफ़ेद ओढ़नी ओढ़ती हैं।
तुम्हारी अंत्येष्टि में
शामिल हुए बुरे लोग–
रखते हैं जो अपने दिल खोपड़ियों में–
बग़ल की गलियों से, रोते हुए
चले साथ तुम्हारे जनाज़े के।

अंतःस्वर

एक सौ प्रेमी
सोये पड़े हैं अनंत निद्रा में
बंजर ज़मीन के नीचे।
लम्बे रक्त-रँगे राजपथ हैं
अंदलूसिया में।

कार्दोबा, हरे दरख़्त जैतून के
सौ सलीब जहाँ
याद दिलाएँगे उनकी।
एक सौ प्रेमी सोये पड़े हैं
अनंत निद्रा में।

मृत्यु की घंटियाँ

पीले पड़ चुके उदास दुर्गों में
घंटियाँ बजती हैं

उदास हवाओं के ऊपर
खिलते हैं घंटियों के स्वर

रास्ते के साथ-साथ
जाती हुई मृत्यु
संतरे की कुम्हलाई कलियों का
गजरा पहने...

वह उठाती है एक गीत
अपने उदास साज़ पर
और गाये जाती है
...गाये जाती है।

---

* अम्पारो और पतनेरा भी दो कल्पित स्त्रीवाची नाम हैं। इन चरित्रों और इनके काव्य-रूपक की कल्पना भी भिन्न-भिन्न स्वभावशैली वाले अंदलूसी लोकगीतों की, मन पर होने वाली प्रतिक्रिया के अनुरूप की गई है। अंदलूसी समाज में, पारम्परिक रूप में, विवाह के अवसर पर वर-वधू के लिए संतरे की कलियों का सेहरा बनाया जाता था। लोर्का ने इस कविता में 'संतरे की कुम्हलाई कलियों के गजरे' को मृत्यु के संदर्भ से जोड़कर एक कंट्रास्ट पैदा किया।

तीन शहर

मालागेयें

मृत्यु
अन्दर और बाहर जाती है कलवरिया के।

काले घोड़े
और बुरे लोग
गिटार के कीचड़दार रास्तों से
होकर गुज़रते हैं

तट के किनारे की
जटामासी की विह्वल झाड़ियों में
नमक की गंध और स्त्री-रक्त,
मृत्यु अन्दर और बाहर जाती है
कलवरिया के बाहर और अन्दर
जाती है मृत्यु।

कार्दोबा की बस्ती

घर में वे सितारों से पनाह लेते हैं।
रात गिरती है।
घर के भीतर एक मरी हुई लड़की
उसके केशों में एक कत्थई गुलाब,
रेलिंग पर बैठी एक बुलबुल
उसके लिए रोती हुई।

लोग आहें भरे जा रहे हैं
ठिठके और भौंचक गिटारों के साथ।

नृत्य

कार्मेन* नाच रही है
सेविय्ये के बाज़ारों में।
श्वेत उसके केश
चमकती उसकी आँखें

लड़कियो,
पर्दे गिरा दो!

एक पीला साँप
उसकी खोपड़ी के चारों ओर
कुंडली मारे हुए।
और नाचते हुए वह
सपने देखती हुई
अपने भूतपूर्व प्रेमियों के।

लड़कियो,
पर्दे गिरा दो!

बाज़ार सूने पड़े हैं

---

* कार्मेन एक अरबी शब्द है, जिसका अर्थ है : दीवारों वाला घर और उससे लगा बगीचा। तम्बू और कनातों में रहते आये अरबवासी ऐसे एक घर की तुलना जन्नत से करते थे। लोर्का ने यहाँ 'कार्मेन' को एक स्त्री के रूप में पर्सोनीफाई किया है।

रास्ते के ख़ंदकों में
अंदलूसियाई दिल
            टोह रहे हैं पुराने ज़ख़्म।

लड़कियो,
पर्दे गिरा दो!

मुठभेड़

सूर्यपुष्प
कमलिनी

मैं : तू थी? इस क़दर झलमलाते तेरे वक्ष
रोशनी से, कि देख ही नहीं पाया तुझे

वह : और रंगबरंगी पायपीनों वाली मेरी चोली
मेरे घाँघरे ने तुझे कितनी बार छेड़ा?

मैं : तेरे कंठ में मेरे अजन्मे बच्चों की
कच्चे दूध जैसी किलकारियाँ

वह : मेरी आँखों में तिरते तेरे बच्चे
हीरक बरन जैसे सुच्चे

मैं : तू थी? कहाँ फैलाये थी ये अपनी
बेपनाह काकुलें, मेरी जान?

वह : चाँद के चेहरे पर, तू हँस रहा है?
उसके बाद नरगिस के फेरे लिए

मैं : मेरे सीने में एक साँप है, जो सोता नहीं
बल्कि गुज़रे वक़्तों के चुम्बनों से चिंचियाता रहता है

वह : वे लम्हे छुट्टा गिरे और
मेरी आहों को अपनी जड़ों में जकड़ लिया

मैं : हवा के एक झोंके से जुड़े, आमने-सामने,
हम अजनवी थे!

वह : शाख़ें चिटक रही हैं,
जाओ मेरे क़रीब से!
कोई पैदा नहीं हुआ अभी हम में से।

सूर्यपुष्प
कमलिनी।

छोटी चौपड़ का गान

नीरव निशि में
गाते हैं बच्चे :

निर्मल धारा
सौम्य फौवारा

बच्चे : किस आनंद में मग्न है
तुम्हारा पवित्र हृदय?

मैं : धुंध में खोई
घंटियों की रुन-टुन

बच्चे : तुम हमें छोटी चौपड़ में
छोड़ दो मुक्त, गाते हुए—
निर्मल धारा
सौम्य फौवारा

वसंत के कौन से चिन्ह
तुम अपने हाथ में सँजोए हो?

मैं : एक लाल गुलाब
एक सफ़ेद लिली

बच्चे : उन्हें प्राचीन गान के
जल में नहला दो—
निर्मल धारा
सौम्य फौवारा

तुम अपने तमतमाये चेहरे
और प्यास से छटपटाते मुँह में
कैसा महसूस करते हो?

मैं : अपने महाकपाल की अस्थियों की
मुँह में पानी ला देने वाली सुगंध

बच्चे : प्राचीन गान के
तृप्तिदायी जल का पान करो!
इस छोटी चौपड़ से
इतनी दूर क्यों चले जाते हो तुम?

मैं : जाता हूँ मैं
जादूगरों और राजकुमारियों की खोज में

बच्चे : यह कवियों की राह
तुम्हें किसने दिखाई भला?

मैं : प्राचीन गान की धारा,
फौवारा ने

बच्चे : क्या तुम सागर और धरती से
दूर—बहुत दूर—जाते हो?

मैं : रेशम जैसा मेरा दिल
रोशनियों से, गुमशुदा घंटियों से
लिली फूलों और मधुमक्खियों से लबरेज है
मैं बहुत दूर, उन पहाड़ियों से भी आगे
सागरों के पार सितारों तक जाऊँगा
करूँगा विनती परमपाद यीशु से

कि, प्रभुवर, लौटा दो मुझे वह पुरातन आत्मा
जो बालपने में थी मेरे भीतर—
परिपक्व हुई थी जो दादी-नानी की कहानियों से
एक पंख खुँसे टोप और एक लकड़ी की
तलवार के साथ

बच्चे : तुम हमें छोटी चौपड़ में
छोड़ दो मुक्त, गाते हुए—
निर्मल धारा
सौम्य फौवारा।

झुलसे लता-पत्तों की आँखों की असंख्य पुतलियाँ
हवा से ज़ख़्मी हुई
रोती हैं झुलसी-चुरमुर
बेजान पत्तियाँ।

संतरे के एक फलहीन दरख़्त का गान

लकड़हारे, मेरी परछाईं मुझसे काट कर जुदा कर दो
मुक्त कर दो मुझे अपने-आप को फलहीन देखने की यातना से

आख़िरकार मैं क्यों पैदा हुआ आइनों के मध्य?
दिन मेरे फेरे लगाता रहता है
और रात, अपने सारे सितारों के बीच
मेरी नक़ल उतारती है
मैं अपने-आपको बिना निरखे ज़िंदा रहना चाहता हूँ
और एक ऐसे सपने में
जहाँ चींटियाँ और ऊँटकटारों की कँटीली छुअन ही
मेरी पत्तियाँ हों—मेरी चिरैयाँ हों

लकड़हारे, मेरी परछाईं मुझसे काट कर जुदा कर दो
मुक्त कर दो मुझे अपने-आप को फलहीन देखने की यातना से।

बेवफ़ा बीवी

लिहाज़ा यह मानते हुए कि वह अनब्याही है
मैं उसे नदी की तरफ़ ले गया,
लेकिन वह ब्याही-धरी थी
और उसका पति था।

वह सेंट जेम्स की रात थी
और, सच मानिये कि मैं तक़रीबन अनुग्रहीत होने-होने को था।
लालटेनें गुल हो गईं और
जुगनू दपदपा उठे।
भीड़भाड़ से काफ़ी दूर निकल आने के बाद
मैंने उसके सोते हुए स्तनों को छुआ
और वे यक्-ब-यक् संबुल के नुकीले फूलों की तरह
प्रस्तुत हो गये मेरे सामने।
उसके साये की कलफ़ मेरे कानों में
दस छुरियों की सान जैसी सनसनी भर गई।
अँधेरे की वजह से दरख़्त क़द्दावर हो उठे थे
और नदी के ख़ासे फ़ासले से आती
कुत्तों के भौंकने की आवाज़ें दिगंत तक जा रही थीं।

काली झरबेरियों, नरकुलों और वनसंजली वाला इलाक़ा
पार कर लेने के बाद
उसके बालों के जूड़े के नीचे, ज़मीन में
मैंने एक गड्ढा बनाया।
मैंने अपनी टाई उतारी-उसने अपना पहनावा,
मैंने रिवाल्वर वाली अपनी कमरपेटी
उसने अपनी चार चोलियाँ।
ऐसी फिसलन कि क्या तो बालछड़ और क्या सीपियाँ!

और ऐसी चमक कि शीशे वाली चाँदी की दीप्ति भी फीकी पड़ जाय,
उसकी जाँघें मेरी गिरफ़्त से ऐसे फिसल गईं
जैसे औचक-भौंचक कोई मछली।
आग जैसी दहकती-बर्फ़ जैसी गरती।

उस रात, बिना लगाम और रक़ाब के
एक सीप-घोड़ी पर सवार मैं
सरपट सड़क पर दौड़ा।
उसके कहे गये शब्द,
पुरुष होने के नाते, मैं दुहरा नहीं पाऊँगा।

विवेक-बुद्धि ने मुझे बहुत सतर्क और गम्भीर बना दिया है।

रेत और चुम्बनों से दाग़-दाग़
मैं उसे नदी-किनारे से वापस ले आया।
नरगिसी शमशीरें हवा से अपना हिसाब चुकता करती रहीं।

किसी ठेठ बनजारे की तरह
मैं वैसे ही पेश आया जैसा कि हूँ।
मैंने उसे पुआल के रंग की साटन वाली
एक बड़ी टोकरी भेंट की,
लेकिन इश्क़-विश्क़ के चक्कर में मैं नहीं पड़ा
क्योंकि नदी की तरफ़ उसे जब मैं ले गया
पति के होते हुए, उसने मुझसे कहा, कि
मैं अनब्याही हूँ।

गुस्ताख़ प्यार की ग़ज़ल

रात आना नहीं चाहती
इसीलिए तुम आ नहीं सकतीं
और मैं जा नहीं सकता।

लेकिन मैं जाऊँगा
भले कोई वृश्चिक सूर्य मेरी कनपटी कुतर डाले,

लेकिन तुम आओगी
नमक की बारिश से जली अपनी जीभ लिये।

दिन आना नहीं चाहता
इसलिए तुम आ नहीं सकतीं
और मैं जा नहीं सकता।

लेकिन मैं जाऊँगा
अपना पपड़ाया गुलाबी रंग मेंढकों के हवाले करते हुए,

लेकिन तुम आओगी
अँधेरे की बजबजाती मोरियों से होकर।

रात आना चाहती है न दिन
लिहाज़ा मैं तुम्हारे लिए मर सकता हूँ
और तुम मेरे लिए।

अद्भुत प्रेम की ग़ज़ल

बंजर मैदानों की सारी रेह के बावजूद
तुम प्रेम की बाँसुरी थीं, भीगी सोनजुही!

दक्खिनी हवा और मनहूस आसमानों की लपटों के बावजूद
मेरे सीने में तुम बर्फ़ की सरसराहट थीं।

आसमानों और मैदानों ने
मेरे हाथों में हथकड़ियाँ डाल दीं

मैदानों और आसमानों ने अपनी कड़ी मारों से
ज़ख़्म-ज़ख़्म कर दी मेरी देह।

प्यार की याद की ग़ज़ल

अपनी याद मत ले जाओ अपने साथ
उसे छोड़ती जाओ मेरे सीने में।

बदरंग जनवरी की शहादत में
चेरी दरख़्तों की थरथराहट

बुरे सपनों की दीवार अलगाती है
मरे हुए लोगों से मुझे

एक पलस्तर-दिल के लिए
पेश करता हूँ मैं ताज़ा लिली-वेदना

बग़ीचे में सारी रात
मेरी आँखें, जैसे दो कुत्ते

रात-भर खाता रहा
ज़हरीली बीहियाँ

कभी हवा ख़ौफ़ का एक फूल महसूस होती
और एक बदरंग फूल शीत-भीगी भोर

बुरे सपनों की दीवार
मरे हुए लोगों से मुझे अलगाती है

ख़ामोशी के बीच घास
ढक लेती है तुम्हारी देह की भूरी घाटी

मुलाक़ात की मिहराब के आसपास
ज़हरीली बूटी उग आती है

लेकिन अपनी याद मत ले जाओ अपने साथ
उसे छोड़ती जाओ मेरे सीने में।

अप्रत्याशित प्रेम की ग़ज़ल

किसी ने नहीं समझी कभी
तुम्हारी कोख के अर्थाये न जा सकने वाले
उदास मैग्नोलिया की ख़ुश्बू,
किसी ने नहीं जाना
कि शहीद किया तुमने
प्रेम की गुंजार भरते परिंदे को अपने दाँतों के बीच।

फ़ारस के एक हज़ार टट्टू
तुम्हारे माथे की चाँदनी-नहाई चौक में
सोये पड़े रहे, जबकि मैं
चार रातों तक भरे रहा अपने आगोश में
तुम्हारी गर्म-गुदाज़ कटि।

पलस्तर और जालियों के बीच तुम्हारी निगाह
बीज के किसी पीले अँखुए जैसी नज़र आ रही थी,
मैंने टटोला अपने दिल को, कि दे पाऊँ तुम्हें सौग़ात
हाथीदाँत के अक्षरों वाला शब्द : हरदम

हरदम...हरदम : मेरी मनोव्यथा का बग़ीचा
तुम्हारी देह मछली की भाँति फिसल जानेवाली हरदम,
तुम्हारी रगों का ख़ून मेरे मुँह में
तुम्हारा मुँह मेरी मौत के अँधेरे के लिए पहले से ही तैयार...

उड़ान की ग़ज़ल

कितनी ही बार मैंने खोया है अपने आप को सागर में
ताज़ा तोड़े गये फूलों से पुर अपने कानों के साथ
प्यार और तड़प से पुर अपनी ज़ुबान के साथ।
कितनी ही बार मैंने खोया है अपने आप को सागर में
जैसे खोता हूँ अपने आप को कुछेक बच्चों के दिल में।

कोई नहीं ऐसा जो चुम्बन देते वक़्त
बे-चेहरा लोगों की मुस्कान न महसूस करता हो
कोई नहीं ऐसा जो नवजात शिशु को छूते हुए
घोड़ों के बे-हरकत कपाल भूल जाता हो

क्योंकि गुलाब हड्डी के किसी अबूझ भूदृश्य के लिए
माथे की छानबीन करते हैं
और आदमी के हाथों का, ज़मींदोज़ जड़ों की नक़ल उतारने के सिवा
कोई और मकसद नहीं होता।

जैसे खोता हूँ मैं अपने आप को कुछेक बच्चों के दिल में
कितनी ही बार खोया है अपने आप को सागर में।
पानी से अनजान, तलाश किये जाता हूँ मैं
एक मौत रोशनी से पुर—अपने लिए।

मरे हुए बच्चे की ग़ज़ल

हर रोज़ दोपहर-ढले ग्रानादा में
एक बच्चा मरता है हर रोज़ दोपहर-ढले।
हर रोज़ दोपहर-ढले पानी बैठ जाता है
संगी-साथियों से अपने गप्पियाने के लिए
हर रोज़ दोपहर-ढले।

मरे हुए, काईदार पंख लगा लेते हैं।
मलिन हवा, साफ़ हवा—

मीनारों के चक्कर लगाते हुए दो तीतर
और दिन, जैसे कोई ज़ख़्मी बालक।

एक कौंध तक नहीं बची थी उल्लास की आसमान में
मिला था जब मैं तुमसे अंगूरी की गुफ़ाओं में,
एक टिब्बा तक नहीं था कहीं धरती पर बादल का
नदी ने लिया जब तुम्हें अपनी जकड़बंदी में,

पसर गया एक विराट जल-दानव पहाड़ियों पर
घाटी लड़खड़ाती-भहराती हुई लिलियों और कुत्तों के साथ।
तुम्हारी देह, मेरे हाथों की झाईं से बैंजनी हुई,
तट पर बेजान पड़ी, जैसे उदासीनता का कोई महादूत।

मनहूस मौत की ग़ज़ल

मैं सेबों का स्वप्न सोना चाहता हूँ
क़ब्रिस्तानों के स्वप्न से परे होने के लिए
मैं उस बच्चे का स्वप्न सोना चाहता हूँ
जो खुले समुद्र पर अपना दिल चाक-चाक कर डालना चाहता था

मैं दोबारा नहीं सुनना चाहता
कि मरे हुओं में बहाने को ख़ून नहीं होता
कि क्षत-विक्षत मुँह
पानी-पानी की ही रट लगाये चला जाता है,
मैं नहीं दफ़्न होना चाहता घास के दिये शहादती रुतबे के साथ
न ही उस सर्पमुखी चाँद के बारे में कुछ जानना चाहता
भोर के पहले जिसे बहुत मुशक़्क़त करनी होती है।

मैं सोना चाहता हूँ कुछ देर
कुछ देर, एक पल, एक सदी;
लेकिन लोगों को जान लेना चाहिए कि मैं मरा हुआ नहीं हूँ
कि मेरे होंठों पर सोने की एक खान है
कि मैं पछुआ हवा का एक अदना-सा दोस्त हूँ
कि मैं अपने आँसुओं की अथाह परछाईं हूँ।

भोर के वक़्त मुझ पर एक चादर डाल देना
क्योंकि मुट्ठियों चींटियाँ मुझ पर फेंकेगी भोर,
और भारी पानी से मेरे जूते तर कर देना
ताकि फिसलते रहें बिच्छू के पंजे।

लिहाज़ा मैं सेबों का स्वप्न सोना चाहता हूँ

एक शोकगीत सीखने के लिए
जो साफ़ करे मेरी देह पर की मिट्टी,
लिहाज़ा मैं उस उदास बच्चे के साथ रहना चाहता हूँ
खुले समुद्र पर जो अपना दिल
चाक-चाक कर डालना चाहता था।

गुलाब का क़सीदा

गुलाब भोर की तलाश नहीं कर रहा था :
लगभग शाश्वत भाव से अपने डंठल पर लगा
वह किसी और ही चीज़ की तलाश में था।

गुलाब किसी हुनर या किसी आश्रय की तलाश नहीं कर रहा था :
देह और स्वप्न में क़ैद
वह किसी और ही चीज़ की तलाश में था।

गुलाब गुलाब की तलाश नहीं कर रहा था :
अचल आसमान के पार से
वह किसी और ही चीज़ की तलाश में था।

सुनहरी लड़की का क़सीदा

सुनहरी लड़की पानी में नहाई
और पानी सोने का हो गया!

गुमशुदा शाख़ों ने और शैवाल ने
उस पर छाया की
और बुलबुल ने गोरी लड़की के लिए गान गाये,

साफ़-सुथरी रात आई
मनहूस चाँदी से धुँधलाई
नंगे पहाड़ों के साथ
भूरी हवाओं के नीचे।

तर-ब-तर लड़की
गोरी थी पानी में
और पानी धधकता हुआ।

बेदाग़ भोर आई
सौ गो-मुखों के साथ
ऐंठी-अकड़ी, और
बर्फ़ीले हारों से लदी-ढकी।

आँसू बहाती लड़की
नहा रही थी अब लपटों के बीच,
फूट पड़ी बुलबुल
अपने जले-अधजले परों के साथ।

सुनहरी लड़की एक सफ़ेद हंसिनी थी
पानी ने उस पर सोना चढ़ा दिया!

आराम फ़रमाती हुई औरत का क़सीदा

तुम्हें बेलिबास देखना धरती को याद करना है।
चौरस चिकनी धरती, घोड़ों द्वारा बुहारी गई, साफ़-सुथरी,
खर-पतवार रहित धरती, निपट निर्दोष
भविष्योन्मुख : चाँदी-मढ़ी।

तुम्हें बेलिबास देखना
बारिश की चाहना में शामिल होना है
जो नाज़ुक जिस्म की तलाश में रहती है
या सागर के ज्वार में, जब उसका विशाल चेहरा
अपने गाल की रोशनी को महसूस नहीं कर सकता।

ख़्वाबगाहों में से ख़ून बजता रहेगा देर तलक
और लपलपाती शमशीरों के साथ आ धमकेगा,
लेकिन तुम नहीं जानोगी कि मेंढक का दिल
या कि बनफ़्शा कहाँ रूपोश है।

तुम्हारी कोख एक जंग है जड़ों की
तुम्हारे होंठ एक धुँधली भोर,
बिस्तर के थके-माँदे बेरौनक गुलाबों के नीचे
लाशें कराहती हैं अपनी बारी का इंतिज़ार करती।

पानी से ज़ख़्मी हुए लड़के का क़सीदा

मैं कुएँ में पैठना चाहता हूँ
मैं ग्रानादा की दीवारों पर चढ़ जाना चाहता हूँ
कि पानी के मनहूस हमले से चाक हुए दिल को देख सकूँ

ज़ख़्मी लड़का कराह रहा था
पाले के अपने मुकुट के नीचे,
पोखरों, हौदियों और फौवारों ने
सँभाल लीं अपनी शमशीरें हवा के मुक़ाबिल।
कैसा तो प्रेम का प्रतिशोध
कैसी तो चोट करती धार!
ऐसी फुसफुसाहटें रात की
ऐसी निर्दोष एक मौत!
ऐसे, बंजर रोशनी से रौंदे जाते
भोर के सिकता-तट!

लड़का अकेला था
शहर सोया हुआ उसके गले में,
फुहारे की भाँति पानी का एक रेला
अपने सपने में से
भूखे सेवार का बचाव करता।
लड़का और उसकी ज़द्दोज़ेहद आमने-सामने,
दो हरी बारिशें आलिंगनबद्ध।
लड़का पसर गया ज़मीन पर
और उसकी ज़द्दोज़ेहद झुक गई उसके ऊपर।

मैं कुएँ में पैठना चाहता हूँ

मैं मरना चाहता हूँ अपनी मौत, थोड़ी-थोड़ी करके
मैं अपने दिल को दलदल से भर लेना चाहता हूँ
कि देख सकूँ पानी से ज़ख़्मी हुए उस लड़के को...

रुलाई का क़सीदा

मैंने अपनी बालकॅनी बन्द कर ली है
क्योंकि रुलाई की आवाज़ मैं सुनना नहीं चाहता,
लेकिन उदास दीवारों के पीछे से
रुलाई के सिवा कुछ सुनाई नहीं देता।

बहुत थोड़े हैं फ़रिश्ते जो गाते हैं
बहुत थोड़े हैं कुत्ते जो भौंकते हैं
मेरी हथेली पर एक हज़ार वायलिनें समा जाती हैं।

लेकिन रुलाई एक विराट कुत्ता है
रुलाई एक विराट फ़रिश्ता है
रुलाई एक विराट वायलिन है

आँसुओं ने हवा के सूराख़ बन्द कर दिये हैं
और रुलाई के सिवा कुछ सुनाई नहीं देता।...

शाख़ों का क़सीदा

तमरित बाग़ के पास
थके-माँदे कुत्ते आये हैं
शाख़ों के गिरने का इंतिज़ार करने
इंतिज़ार करने, कि वे अपने-आप टूट कर गिरें।

तमरित में एक सेबों का दरख़्त है
जिसमें सिसकियों का एक सेब लटका है
एक बुलबुल आहों को चुप कराती है
और एक तीतर धूल उलीच कर उन्हें खदेड़ देता है

लेकिन शाख़ें ख़ुश हैं
वे हमारी अपनी तरह हैं,
वे बारिश की फ़िक्र नहीं करतीं
और, देखिए, सो गईं यक्-ब-यक्
मानों दरख़्त हों!

घुटनों-घुटनों पानी के साथ, तैनात की गई
दो घाटियाँ शरद के आने का इंतिज़ार करतीं,
शाम के झुटपुटे ने, हाथी की ठवन से
परे धकेल दिया शाख़ों और तनों को।

तमरित बाग़ के पास
बहुत-से बच्चे हैं नक़ाबपोश
इंतिज़ार करते मेरी शाख़ों के गिरने का
इंतिज़ार करते कि
वे टूट-टूट कर गिरें
अपने-आप।

काले फ़ाख़्तों का क़सीदा

जैतून की टहनियों के बीच से
मैंने देखे दो काले फ़ाख़्ते :
एक का नाम सूरज
दूजे का चन्द्रमा।
नन्हें पड़ोसियो, पूछा मैंने उनसे,
मेरी क़ब्र कहाँ है?
मेरी पूँछ में, कहा सूरज ने
मेरे कंठ में, कहा चन्द्रमा ने,
और मैं, जो धरती को कमरबन्द की तरह कसे
गतिमान था, मैंने देखे, संगमरमर के दो गरुड़
और एक निर्वसन युवती,
एक गरुड़ ही दूसरा गरुड़
और वह युवती दोनों में से कोई नहीं।
नन्हें गरुड़ो, पूछा मैंने उनसे, मेरी क़ब्र कहाँ है?
मेरी पूँछ में, कहा सूरज ने
मेरे कंठ में, कहा चन्द्रमा ने।

जैतून की टहनियों के बीच से
मैंने देखे दो निर्वसन फ़ाख़्ता–
एक फ़ाख़्ता ही दूसरा फ़ाख़्ता था–
और दोनों–
दोनों में से कोई नहीं!

■■